一位英國鴉片吸食者的告白

Confessions of an English Opium-Eater

湯瑪士・德昆西 著
Thomas De Quincey

張錦惠 譯

本書譯自一八二三年第二版，也是比較常見的版本。第二版只比一八二二年的第一版增加了一篇附錄。德昆西雖然曾在一八五六年為本書進行大規模的修訂，但大多數評論家仍認為原初版本在藝術上更勝一籌。

Very truly yours,
Thomas de Quincey.

德昆西的各方評價：

◆他的風格本質上是裝飾性的，並且有意識地追求思想和措辭上的崇高性。他勇於追求無限可能而毫不畏縮，冒著讓讀者頭暈目眩、困惑的危險，飛往時間和空間的極限。他為了文字的音樂性，以敏銳的聽覺來構建屬於他的句子和段落。一個片段似乎是另一個片段的迴響，甚至聲音之間的距離感也都是巧妙地創作。他最優秀的段落，是佐以豐富的幻想、以更大範圍和隨意的組合而著稱，這些都是屬於詩歌特有的性質。——布里姆利．強森（Brimley Johnson，1867-1932，英國傳記作家、評論家和編輯）

◆很少有英國作家可以論及如此廣泛不同的主題，在資訊和處理能力上都能勝任。也很少有人能表現出如此出色的邏輯能力。有時會有人想與他爭論的一個主要原因，就在於他的技巧如此高超，以至於人們渴望與他交鋒。出於這一點和其他原因，沒有哪位作家更能具備如此的刺激作用，或更能引導讀者自己去探索和思考。沒有什麼比那種無可救藥的好奇心、年紀所無法熄滅的對知識和爭論無限多樣的渴望更加明顯的了。在這麼大的衡量尺度上，鮮少有人會擁有難以定義的新鮮感。你永遠都不會知道德昆西會對任何主題說些什麼，儘管你可以有一個精明的猜疑；畢竟他觀察和探索新事物的天賦是如此的巨大。——聖伯里（George Saintsbury，1845-1933，英國作家、評論家）

◆ 鴉片吸食者描述的重點不是罪惡的行為本身，而是人性的脆弱。而且這個弱點是多麼地值得原諒！作者透過一篇自傳體的描述，開宗明義確定這個立場。他希望讀者能夠體會他付出了多麼高的代價，才換來書裡面所記載的經驗，而且這個經驗對讀者所帶來的貢獻，足以彌補這本書對社會道德有所忤逆的地方，使讀者願意網開一面接納這一本與眾不同的

書。——波特萊爾，《人造天堂》（*Les Paradis Artificiels*，葉俊良譯）

◆ 德昆西是愛丁堡學派的一員，由於他重疊和繁複的音樂性風格，他是我們最好的作家之一，同樣也是我們最多才多藝的作家之一。——斯托福德．布魯克（Stopford A. Brooke，1832-1916，愛爾蘭作家）

◆ 德昆西的散文，旋律極為卓越豐富而宏偉。他的作品節奏莊嚴宏大、超群出眾，是我們最偉大的大師之一，足以與米爾頓並列。如果我們相信自己的聽覺會有一種大致印象，那麼米爾頓的旋律會更加甜美而多變；但是在壯麗華美的效果上，至少在散文中，以手算來可能必須分給德昆西其一。在德昆西一些最偉大的段落中，這種語言只能比作是管弦樂隊的昂揚起伏。——威廉．明托（William Minto，1845-1893，蘇格蘭作家、評論家）

◆在浪漫主義時代最優秀的散文家中……德昆西可被視為是威廉．布洛斯（William Burroughs，《裸體午餐》作者）的原型，以及愛倫坡和波德萊爾的英國表親，他甚至可被視為巴拉德（J.G. Ballard，《超速性追緝》作者）的先驅……請立即閱讀這本出色、詳細且往往令人感到折磨痛苦的傳記。——《華盛頓郵報》（*Washington Post*）

◆這是第一本、也仍然是最好的一本關於毒癮之書。……自此之後，再沒有其他作者，對於癮君子從首次使用到戒毒效果是什麼感覺，進行如此完整的分析性描述。——威廉．布洛斯（William Burroughs，《癮君子》、《裸體午餐》作者）

◆德昆西是探索內在心智空間最原始的宇航員，他的《一位英國鴉片吸食者的告白》一書，比起威廉．布洛斯到厄文．威爾許（Irvine Welsh，《猜火車》作者）這些以毒品為友的文學浪潮，還要早了半個世紀以上的

時間。——《格拉斯哥先驅報》（*Glasgow Herald*）

◆對於德昆西的鑑賞，讀者自己必須帶有某種類似的想像力，對於書籍、人物和事件，要有一定的廣博文化和大量知識。否則，那些賦予他著作意義、色彩和魅力的細緻而微妙的暗示都會被忽略。因此，對德昆西作品要有充分的享受和理解，始終是文學和知識上的奢侈品。但他的敘述技巧、罕見的悲愴感傷、廣泛的同情、他對夢的華麗描述、他輕鬆論題的雅緻俏皮，以及他豐富又精美巧妙的幽默，都使他在更優異的層次上脫穎而出。——J．R．芬德萊（J.R. Findlay，1866-1930，《蘇格蘭人報》〔*The Scotsman*〕老闆）

◆德昆西相當高雅、古典博學而獨特的風格，賦予他每一頁寫作的靈感。……這本經典作品中自我控制的平靜寧和，簡直是奇蹟。——《衛報》（*The Guardian*）

◆猶如一杯刺激的雞尾酒：巴洛克風格式的散文詩中，出現異國情調的連續夢境，足以稱為漢默（Hammer）恐怖電影的哥德式誇張效果、古典的引語、倫敦街頭的俚語，以及不斷延伸的大量德國哲學註腳。德昆西在他所有最優秀的作品中，都呈現出這種高雅文化和低俗生活之令人醺醉的混合物……然而，在他的最佳狀態下，他的純粹多變性和生動描繪的鴉片色彩，可說是最優秀的英國散文作者之一。——《星期日郵報》（*The Mail on Sunday*）

◆令人興奮的現代感。……在那段受毒品擾亂的歲月中，他對於狂野幻覺的詩意描繪，令他同時代的人震驚不已。不過，對我們來說，他的故事之所以具有啟發性，主要是因為那令人毛骨悚然的熟悉感。——《紐約時報》（*The New York Times*）書評

引言

喬治．阿姆斯壯．萬霍普[1]

文學家的一生幾乎總是平凡而單調。除了豐富的精神體驗之外，一位文學家最具生產力的時期，就其本質而言往往是平淡無奇的。他的文學技能並不是一種行動的技能，而是一種反思的技能。有時，我們會發現一些非凡出眾的人，例如愛迪生[2]、麥考利[3]、伯克[4]、以及羅威爾[5]等等，會參與到政治生

1 編註：喬治．阿姆斯壯．萬霍普（George Armstrong Wauchope，一八六二－一九四三），美國南卡羅萊納大學的語言和文學系教授，也是一位多產的評論文章和散文作家。本文收錄於一八九八年美國版的《一位英國鴉片吸食者的告白》（以下簡稱《告白》）一書中。

2 譯註：約瑟夫．愛迪生（Joseph Addison，一六七二－一七一九年），英國散文家、詩人、劇作家及政治家，與理查．斯蒂爾（Richard Steele）一同創辦了著名雜誌《閒談者》（*Tatler*）與《旁觀

活之中。但是，作家必須擁有他們自己的思想資產，以及其賴以援引的經驗資產，而且他們會透過學習、觀察，以及人際之間的交往來累積這些資產。

德昆西的生命歷程在文學上是獨一無二的，無論是他所經歷的那些奇特非凡的事件，還是他的生命歷程與其作品之間極為重要的關聯性。例如說，德昆西最著名的作品《告白》——同樣著名的還有他的《自傳散文集》（*Autobiographic Sketches*）——以及他的別名「英國鴉片吸食者」，我們將其得名由來歸因於他有長期服用鴉片習慣的可怕經驗。以一八二一年為分界，我們可以大致將他的一生劃分為兩個時期。

一七八五年至一八二〇年的期間，我們或許可以稱之為德昆西的準備期；一八二一年至一八五九年的期間，則是他的文學多產期。因為學生們會希望可以閱讀作者本身對自己一生的記述，因此筆者在這裡提供一段充滿感性、美妙與浪漫情懷的描述，一段關於他一生大事件的簡短概述，相信這應該相當足夠。

湯瑪斯·德昆西於一七八五年八月十五日出生於曼徹斯特（Manchester）市附近，他的父親居住於此，是一位擁有諾曼第血統的葡萄酒商人，不僅家境富裕，也非常具有文化素養。從年幼時期開始，德昆西便是一個早熟、想像力豐富，並且熱衷於幻想沉思的孩子。他就讀於曼徹斯特語法學校期間，教師對紀律有著非常嚴格的要求，加上男孩彼此之間的惡作劇，這些對於他的敏感氣質而言都是難以忍受的。因此，一八〇二年，他逃離這所學校而去。

在威爾斯的山區流浪了一段短暫的時間之後，德昆西南下來到倫敦，當時他幾乎身無分文，而且除了見見世面之外，他也沒有任何明確的計畫。他花光了身上所有的金錢，即使精通希臘語，想擔任希臘語的校對者都無法找到這樣的工作，只能與乞丐和流浪漢為伍，並且承受著難以置信的危險與艱辛。他說

者》（*Spectator*）。

3 譯註：湯瑪士・巴賓頓・麥考利（Thomas Babington Macaulay，一八〇〇—一八五九年），英國詩人、歷史學家、輝格黨政治家。

4 譯註：愛德蒙・伯克（Edmund Burke，一七二九—一七九七年），愛爾蘭裔的英國政治家、作家、演說家。

5 譯註：詹姆斯・羅素・羅威爾（James Russell Lowell，一八一九—一八九一年），美國浪漫主義詩人、批評家、外交官。

道：「因為我的身體現在正承受著飢餓的痛苦，已超過十六週的時間。我飢餓的激烈程度不一，但是，或許就如同任何一個在此經歷中倖存下來的人所能承受的一般。」

隔年，他接受勸說進入了牛津大學，並且依靠少量的生活津貼在那裡生活，直到一八〇八年為止。他對大學生活感到非常地不滿，怠忽每日的例行職責，拒絕參加口試，並且變成一位遁世者。但是，他仍然持續鑽研他的希臘語研究，並且受到德國哲學的影響，而且最重要的是，他首次感受到屬於我們自己的文學所展現出來的卓越力量與美的極致。他離開牛津大學，宣稱：「我什麼也不欠你！儘管生活在眾多仰賴你以獲得每日溫飽的人群之中，我絕未從你龐大的富饒中取得一分一毫。」

在這一段期間，德昆西逐漸養成使用鴉片的習慣，一直到一八一三年臻於最高點，此時，他每日需要服用八千滴或者七支酒杯之驚人份量的鴉片酊。他的《告白》一文於一八二一年九月刊載於《倫敦雜誌》（*The London Magazine*），在文藝界造成了相當大的轟動，並且藉此建立了他的作家聲譽。

一八〇八年被認為是德昆西的形成發展階段中最重要的一年，不僅是因為他服用鴉片，而且因為他在前往倫敦與湖區的朝聖之旅期間，結識了蘭姆[6]、柯立芝[7]、赫茲利特[8]、騷塞[9]、華茲華斯[10]、與威爾森[11]等人。

一八〇九年，德昆西定居於美麗的湖區（Lake District）的格拉斯米爾

---

6 譯註：查爾斯．蘭姆（Charles Lamb，一七七五—一八三四年），英國作家、詩人，知名著作為《伊利亞隨筆集》（*Essays of Elia*）及其與姐姐瑪麗合著的《莎士比亞戲劇故事集》（*Tales from Shakespeare*）。

7 譯註：塞繆爾．泰勒．柯立芝（Samuel Taylor Coleridge，一七七二—一八三四年），英國詩人、文學評論家，英國浪漫主義文學的奠基人之一。

8 譯註：威廉．赫茲利特（William Hazlitt，一七七八—一八三〇年），英國隨筆作家暨文藝批評家。

9 譯註：羅伯特．騷塞（Robert Southey，一七七四—一八四三年），英國浪漫主義詩人、湖畔詩人之一。

10 譯註：威廉．華茲華斯（William Wordsworth，一七七〇—一八五〇年），英國浪漫主義詩人，也是湖畔詩人的代表。

11 譯註：約翰．威爾森（John Wilson，一七八五—一八五四年），蘇格蘭作家、文學批評家，以化名克里斯多福．諾斯（Christopher North）為《布萊克伍德愛丁堡雜誌》撰寫文章。

（Grasmere），居住於好友華茲華斯先前擁有的小屋裡。那是他居住了長達二十年的家，雖然從一八二一年至一八二五年期間，他大部分的時間都是在倫敦度過。德昆西於一八一六年與瑪格麗特・辛普森（Margaret Simpson）——《告白》裡那位「摯愛的**M**」——結婚，她正是他與鴉片奮鬥掙扎過程中的守護天使。此後數年，他的財務狀況似乎已經回復至比較優裕的狀態。

德昆西認真嚴肅地投入文學作品的創作，始於一八二一年他在《倫敦雜誌》投稿的作品。濟慈[12]以及其他許多知名的作家都曾投稿《倫敦雜誌》，而且蘭姆很快就在《倫敦雜誌》的專欄中發表他著名的《伊利亞隨筆集》（*Essays of Elia*）。事實上，這是一個傑出的期刊文學時代，擁有出色的編輯與尖銳的批評家，而且各大雜誌對於民族文學的影響力非常大，且就整體而言也是非常有益的。如果不是這些期刊雜誌提供了金錢上的援助以及公開的版面的話，許多英國的名著傑作幾乎無法公諸於世。

德昆西本身就是這種受雇於期刊雜誌、擔任其撰稿人的最佳實例之一。馬森教授[13]說道：「他以撰寫了大約一百五十篇雜誌文章的作者身份，在我們的文學中佔有一席之地。」布里姆利．強森[14]先生說：「他必須完成出版社的稿件，並且讓雜誌編輯感到滿意，這制止了他在寫作上做出太多的琢磨與推敲，並且阻止他將其生來熱衷著迷的事情『講得太過瑣細』」。

一八三〇年的這段期間，他是在威爾森教授的家裡度過，後者乃是《布萊克伍德愛丁堡雜誌》（*Blackwood's Edinburgh Magazine*）的精神領袖人物。他們兩人志同道合，擁有完美的同志情誼，一個微不足道的「鴉片吸食者」以及那位威嚴的「克里斯多福．諾斯」（Christopher North）[15]兩人的徒步遊記，讓人讀來十分舒適愉快。最後，一八四三年，德昆西與他的女兒們一起移居愛丁堡附

12 譯註：約翰．濟慈（John Keats，一七九五—一八二一年），英國詩人、浪漫主義作家。

13 編註：大衛．馬森（David Masson，一八二二—一九〇七），蘇格蘭學者、文學評論家和歷史學家。他曾為德昆西作傳，並編撰了十四卷本的《德昆西作品集》（*De Quincey's Collected Works*）。

14 編註：布里姆利．強森（Brimley Johnson，一八六七—一九三二），傳記作家、評論家和編輯，專門研究十九世紀英國文學和文學人物。

15 譯註：請見註11。

近的一座小村莊拉斯韋德（Lasswade），並在一八五九年八月八日長眠於此。

德昆西的身材纖瘦苗條，臉型精緻且輪廓分明，並且擁有高貴且聰慧的頭腦。他的體質虛弱，但卻可以在缺乏食物與睡眠的情況下，忍受相當大程度的疲勞。他的臉色蒼白，而且看來操勞憔悴；他的眼神有時顯得黯淡無光，有時卻顯得光彩奪目；而且，他的嗓音如銀鈴般清脆，但卻將自己的聲調調整得聽來有些空洞且超然詭異。他的態度匆促而猶豫，他的性格是同時混合了害羞與喜好交際、偏見與仁慈、幽默與憂鬱、煩躁與甜蜜快活的複合體。

一如理查森[16]、庫珀[17]、薩克萊[18]、喬治・艾略特[19]、以及杜穆里埃[20]等人，德昆西在成年之後才進入文藝界，但卻非常出色地具備了成熟豐富的學問及生活知識。我們已經看見他如何以《一位英國鴉片吸食者的告白：節錄自一位學者生活的片段》一舉獲得卓越的成就。從那時開始，一直到他過世為止，他持續撰寫了多篇文章，主題涵蓋範圍廣大。他的文章主要刊登在：《倫敦雜誌》（一八二一—一八二四年）、《布萊克伍德愛丁堡雜誌》（一八二六—一八四九年）、《泰特愛丁堡雜誌》（*Tait's Edinburgh Magazine*，一八三四—一八五一年）、以及《大英百科全書》（*Encyclopaedia Britannica*，一八二七—一八四二年）。除了上述這些期刊雜誌之外，他也曾投稿至《北英評論》（*The North British Review*，一八四八年）、《騎士季刊》（*Knight's Quarterly Magazine*，一八二三—一八二四年）、《霍格每週指南》（*Hogg's Weekly Instructor*，一八五〇—一八五四年）、以及《愛丁堡文學報》（*The Edinburgh Literary Gazette*，一

---

16 譯註：塞繆爾．理查森（Samuel Richardson，一六八九—一七六一年），英國作家，知名作品為書信體小說《帕美拉》（*Pamela; or, Virtue Rewarded*）。

17 譯註：詹姆斯．菲尼莫爾．庫珀（James Fenimore Cooper，一七八九—一八五一年），美國浪漫主義小說家。

18 譯註：威廉．梅克比斯．薩克萊（William Makepeace Thackeray，一八一一—一八六三年），英國小說家，著名作品為《浮華世界》（*Vanity Fair: A Novel without a Hero*）。

19 譯註：瑪麗．安．艾凡斯（Mary Ann Evans，一八一九—一八八〇年），筆名「喬治．艾略特」，英國小說家，著名作品為《佛羅斯河畔上的磨坊》（*The Mill on the Floss*）與《米德爾馬契》（*Middlemarch*）。

20 譯註：達夫妮．杜穆里埃（Daphne du Maurier，一九〇七—一九八九年），英國小說家、劇作家，代表作品為《蝴蝶夢》（*Rebecca*）和《牙買加客棧》（*Jamaica Inn*）。

八二九——一八三〇年）。

德昆西的第一部作品集，於一八五一年由美國波士頓的蒂克諾&費爾茲出版社（Ticknor & Fields）出版，一共二十二卷，但是，愛丁堡的詹姆士．霍格（James Hogg）先生接著於一八五三——一八六〇年期間出版了由作者所編撰的十四卷版本。最具權威的德昆西作品集，乃是由大衛．馬森教授所編撰，並且由愛丁堡的亞當&查爾斯．布萊克（Adam and Charles Black）出版社出版的十四卷本。

德昆西或許是我們所有的散文作家中最多才多藝的。他是如此博學多聞，因此他能書寫的主題範圍也幾乎毫無限制。約翰生博士[21]為當時文藝界最全能、最多才多藝的戈德史密斯[22]所寫的墓誌銘，同樣也可以套用在德昆西身上：「他幾乎沒有遺留下任何不感動人心的文字，而且也沒有觸及任何他不屑一顧的事物。」不幸的是，他大多數時間都只花在一些短期零散的工作上，滿足期刊雜誌和一個枯竭荷包的需求。這再次使得他的文學創作無論是在利益關係上或是在價值判斷上，都顯得失衡不均，而且毫無疑問地，這部分也是因為他本身的侷限性所造成，他過於喜愛離題以及有些矯揉造作的輕佻，而且文章的結構也經常缺乏統一與連貫性。

根據馬森教授的分類，我們可以將德昆西的作品劃分為以下三種類型：

一、回憶性的作品。此種類型的作品包括他的《自傳散文集》與《告白》；以及一些傳記式的散文，諸如他的《柯立芝、華茲華斯與騷塞》（*Coleridge, Wordsworth and Southey*）、《莎士比亞與歌德》（*Shakespeare and Goethe*）；以及一些歷史學的論文，例如《羅馬皇帝》（*The Cæsars*）及《韃靼人的反叛》（*The Revolt of the Tartars*）。

二、思辯性的、教誨性的、以及批判性的作品。這裡指的或許是一些哲學性的論文，例如他的《散文集錦》（*Miscellaneous Essays*）中的〈康

21 編註：約翰生博士（Samuel Johnson，一七〇九—一七八四），英國知名文人，他耗費九年獨力編出的《約翰生字典》（*A Dictionary of the English Language*），為他贏得「博士」頭銜。

22 譯註：奧利佛．戈德史密斯（Oliver Goldsmith，一七二八—一七七四年），愛爾蘭詩人、作家與醫生，以小說《威克菲德的牧師》（*The Vicar of Wakefield*）、詩作《廢棄的農村》（*The Deserted Village*）等聞名。

德〉（Kant）與〈柏拉圖的共和國〉（Plato's Republic）；論神學的文章，例如《新教教義》（*Protrestantism*）及《奇蹟作為見證的主題》（*Miracles as Subjects of Testimony*）；政治性的論文，例如《一個保守黨員對於保守主義、民權主義與激進主義的報告書》（*A Tory's Account of Toryism and Whiggism and Radicalism*）以及《政治經濟學的邏輯》（*The Logic of Political Economy*）一書；還有他關於《修辭與風格》（*Rhetoric and Style*）、《論馬克白劇中的敲門聲》（*On the knocking at the Gate in Macbeth*）、《論華茲華斯的詩》（*On Wordsworth's Poetry*）及《亞歷山大．波普》（*Alexander Pope*）等等的散文。

三、想像力豐富的作品及散文詩。此一類型的作品指的或許是他的《謀殺作為一種精緻藝術的展現》（*Murder Considered as One of the Fine Arts*）、《西班牙修女中尉》（*The Spanish Military Nun*）及《聖女貞德》（*Joan of Arc*）；他的傳奇小說《克洛斯特海姆》（*Klosterheim*）與《復仇者》（*The Avenger*）；以及一些奇幻散文詩作品，例如《英國郵政馬車》（*The English Mail Coach*）、《深淵裡的嘆息》（*Suspiria de Profundis*）、以及《告白》的一些部分。關於德昆西作品依照時間順序排列的完整清單，收錄在史考特（Scott）教授所編訂的《論風格、修辭與語言散文集》（*Essays on Style, Rhetoric, and Language*）中。

就風格上來說，德昆西是一位修辭學家。聖伯里[23]教授說道：「他的優點並沒有賦予他比其他的隨筆作家更優越的地位，而且他在本世紀的散文作家中也幾乎沒有任何優勢。」他代表的是從十八世紀的洗鍊、節制、與冷酷，對十七世紀——英國散文的黃金時期——的溫暖與光輝的反動。他的精神導師是米爾頓[24]、傑瑞米・泰勒[25]、富勒[26]、布朗[27]，他從這些人身上繼承了他們的能言

---

23 編註：聖伯里（George Saintsbury，一八四五－一九三三），英國作家、評論家，也是文學史和修辭學教授。

24 譯註：約翰・米爾頓（John Milton，一六〇八－一六七四年），英國詩人、思想家，知名作品為史詩《失樂園》。

25 譯註：傑瑞米・泰勒（Jeremy Taylor，一六一三－一六六七年），英格蘭教會的牧師，在奧利佛・克倫威爾攝政期間擔任作家而聲名大噪。

26 譯註：湯瑪斯・富勒（Thomas Fuller，一六〇八－一六六一年），英國神職人員及歷史學家。多產的作家，也是最早能夠依靠他的筆（以及他的許多贊助人）生活的英國作家之一。

善辯、豐富的色彩渲染、以及精緻的裝飾雕琢。除了上述這些特質之外，他還增添了十八世紀作家的完美與優雅，以及我們這個時代的自由、深刻的感受、及崇高的精神基調。

在結構組織的完美細膩及色彩渲染的美妙方面，即使是拉斯金[28]也無可與他比擬，他在形式上、整體而言的具像化上、以及聲音效果上，都比拉斯金更勝一籌。他甚少犯下品味不佳或者虛偽陳腐的錯誤，而且在他最巔峰的時期，他是一位極為優秀的「莊嚴風格」（grand style）的大師。他的想像力就和卡萊爾[29]一樣豐富卓越，但是他的風格更為嚴謹，富有節奏感，也比較高雅細緻，儘管沒有表現出太多的道德熱誠或勤奮感。他擁有比麥考利更好的修辭與批判能力，並且比蘭鐸[30]更加莊嚴且更為活潑。

德昆西的獨特能力在於他的想像力是非比尋常的。在他最優秀的創作中，有著詩意的崇高、變幻無窮的魅力、以及壯觀的華麗，在在都運用其微妙的力量來吸引並緊抓住讀者的心。即使我們無法接受他在哲學問題推論方面的正確性，或是他在歷史與傳記文章中陳述的準確性，但是我們依然樂於讓自己沉浸在他美妙的幻想之中。當他穿上他的魔術長袍之時，沒有多少人能夠如他一般登上如此高妙的境界。

他是不朽的文學夢想家。當然，他的作品與諸如柯立芝的《忽必烈汗》（*Kubla Khan*）等詩歌幻想作品截然不同，因為散文與詩歌之間本來就有差異。但是，德昆西創作出一種他自己獨特的、無與倫比的、也許可以稱之為散文詩的作品。它既是如有翅膀般飛翔的，也是空靈的、神秘的、灼熱的、可怕的，而且難以分析的。我們只能驚嘆於他超人的表達能力，以及這個人在睡眠

27 譯註：湯瑪斯．布朗（Sir Thomas Browone，一六〇五—一六八二年），英國作家，對醫學、宗教、科學和神秘學都有貢獻。

28 譯註：約翰．拉斯金（John Ruskin，一八一九—一九〇〇年），英國維多利亞時代主要的藝術批評家之一。著有《現代畫家》、《建築的七盞明燈》等書。

29 譯註：湯瑪斯．卡萊爾（Thomas Carlyle，一七九五—一八八一年），蘇格蘭評論、諷刺作家、歷史學家。

30 譯註：羅伯特．蘭鐸（Robert Eyres Landor，一七八一—一八六九年），英國作家、劇作家、詩人。

中依然清醒的思想與感官的神奇轉變。

「夢著凡人不敢夢的夢。」

德昆西在性格上是屬於比較藝術性的，而不是教誨啟發性的。然而，在他的道德教義中，他與本世紀的所有偉大詩人、散文家、以及小說家都是完全相符一致的。他可以帶入任何一個主題，不僅是因為他有受過高度訓練的批判能力，而且也因為他擁有廣泛的人道主義關懷。他的同情與憐憫是一視同仁的。

雖然他的朋友圈裡有許多貴族，但是，他偶爾仍會與一些身份卑微的人和流浪漢為伍，並且不會因此而感到羞恥。事實上，就如同戈德史密斯一般，他本能地過著一種不規律的或者波希米亞式的生活。他本人曾經深陷痛苦之中，並且在一段幾乎是史無前例的經驗過程中，經歷過許多不同的人格階段，而正是這些經驗使他的判斷力漸趨成熟，並且擴展了他的同情心。

他四處傳授偉大的慈善或者愛、人類的手足情誼、與自然產生共鳴的各種形式，以及精神心靈的發展對於個人喜樂的必要性等等的學說。特別值得注意的，是他對年輕人、高貴出身的人，以及不幸的人所表現出來的興趣。

德昆西的幽默特質，甚至比他的感傷特質更具獨創性。他的幽默具有一種獨特的怪異感與荒誕可笑感，很少有人能夠凌駕於他之上，時而大膽奔放，時而細膩敏感，時而古雅風趣，時而怪異離奇。布里姆利．強森先生說：「在這樣一個富有旺盛生命力的智識底蘊之下，潛伏著一種不可思議地從容沉著且『如惡魔般的』幽默，很大部分在於突如其來地引介一種出乎人意料之外的觀點，使用高尚尊貴的語言來討論瑣碎的雜事，並且應用一些藝術的或者專業的術語，來記錄下犯罪與激情。」

德昆西是我們現代意義上最早期的批評家之一。他曾經與蘭姆、赫茲利特、騷塞及蘭鐸合作，試圖建立一個文學批評的學派，並且帶動文化的傳播。他擁有非常出色的分析能力。他的思考能力、廣博的學識、以及思辯的才華，使他成為一位善於鼓舞人心、精彩絕倫，但時而帶有偏見的批評家。

致讀者

諸位殷勤的讀者們，我僅在此向您們介紹我的生命中一段非凡時期的紀錄：就我在這一段記錄上所花費的精神與氣力，我相信呈現的不只是一段有趣的紀錄而已，而且在某種程度上也是相當有益且富有教育意義的。正是在**這樣的**冀望之下，我提筆寫下了這樣一段記錄；而且，**這**無疑也是一個我為自己提出的辯白，因為我沒能持續抱持纖細且高潔的矜持與審慎，這在大多數的情況下會制止我們在大眾之前公開暴露自己的錯誤與軟弱。的確，一個人若是硬要我們去注意他的道德潰瘍或傷疤，並且強行撕毀那隨著時間流逝或者對人性脆弱的寬容與放縱而包覆在這些傷口上的「端莊得體的衣飾」，這對於英國人來說，沒有比眼見這樣的醜態更令人不齒與厭惡；正是因為如此，**我們的**自白（也就是說，自發性的、在法院管轄之外的自白）很大的部分是出自娼妓、投機份子、或者詐欺者：若想一窺那些可以想見乃是社會推崇的端正與自重一面的人們，何以做出任何這類無端讓自己蒙羞的舉動的話，我們就不得不閱讀法國文學，或是德國文學中沾染上法國人那虛情假意又不甚健全的感性部分。我對所有這一切的感受是如此強烈，而且我是容易焦躁不安和神經質的個性，對任何一個譴責我這種特殊傾向的責難非常敏感，因此，有好幾個月的時間，我猶豫不決，不知是否應該違背世俗的禮節，在我還沒入土之前（基於諸多的原因，在我死去之後，我的所有故事都會被發表出版），將我的故事的這個部分或者任何一個部分公開展示在大眾眼前；最後，我還是下定決心公開這個故事，即使在走到這一步之前，我的內心也並非毫無掙扎，惶恐不安地反省與審視自己做與不做的理由。

罪惡與苦痛會盡量迴避公眾的注意，這是一種自然的本能：它們冀求自己的隱私，並且渴望孤獨、不受人打擾：甚至有時候，它們會先選好自己的墓地，讓自己與大多數居民長眠的教會墓地隔絕開來，彷彿要斷絕自己與人類這個大家族的情誼關係，並且（用華茲華斯先生感人的話語來說）希望藉此——

謙遜地表達出
一種懺悔的孤獨。

總之，為了我們所有人的利益著想，的確應該如此：我個人並不願意對這些有益的情感表現出輕蔑無視的態度，我也不想用行動或言語來削弱它們；但是，一方面，我的自我譴責並不算是一種認罪的自白，因此，另一方面，就算它是一個**認罪的自白**，這樣一個以付出沈重的代價所獲得的經驗紀錄，帶給其他人的利益與好處，或許可以（雖然是嚴重失衡的）對任何我上述提及的情感所造成的曲解與傷害做出一些補償，並且為這些違反常規的行為提出一些辯解。軟弱與苦痛並不必然意味著罪惡。它們是趨近或撤出罪惡的黑暗聯盟的陰影，這端賴於犯罪者所抱持的可能動機與願景，以及對已知或秘密的犯罪行為的姑息：一開始引誘犯罪的誘惑是否強烈難拒，以及抗拒犯罪的意志（無論是在行動上或是在精神上）是否到最後仍堅定如一。就我個人而言（沒有違背真相或是故作謙虛），我或許可以肯定地說，我的一生，整體看來就是一個哲學家的一生：從我出世以來，我便被塑造成一個智識的產物，而且智識曾經是我最熱切的追求以及最高度的樂趣，即使在我還是學童的時代便是如此。倘若服用鴉片是一種官能上的快感與享受，倘若我非得坦承我也曾經沈溺其中，而且還沒有任何人可以超越**我的記錄**[1]，那麼我還要說的是，我確實嘗試過抵抗那令人神魂顛倒的蠱惑，用我滿懷的宗教熱忱在掙扎搏鬥，直到最後終於完成這個到目前為止我從未聽聞有過其他人達成的成就——我掙脫了那幾乎是與鴉片的最後一道連結，那一道束縛著我、被詛咒的枷鎖。這種自我征服的經驗，或許可以在某種程度上達到抵銷自我放縱的效果。我並非要藉此聲稱，就我的案例而言，這樣一種自我征服的經驗毫無爭議可言，我也歡迎任何人對我的自我放縱提出決疑論式[2]的質疑，端賴是要將我的行為擴大解釋為以單純減輕痛苦為目的的行動，亦或侷限於諸如旨在獵取刺激與快感的行動。

因此，這是有罪的嗎？事實上，我並不認為如此；即便我承認有罪，也是基於我的告白行為也許能為鴉片吸食者帶來一些助益，而堅定我做出告白的決心。然而，這些鴉片吸食者究竟是誰？讀者，我很遺憾必須向您說明，事實上這是一個人數相當龐大的圈子。數年前開始，我便非常確信我的想法是正確的，我估算當時英國社會裡的一個小圈子（其所屬之人皆為天資聰穎或者出身高貴之人）中，我直接或者間接得知為鴉片吸食者的人：例如說，善於雄辯且仁慈親善的□□□（威廉．威伯福斯）[3]、已故的卡萊爾教會首席司祭□□□

1 我之所刻意的說「還沒有任何人可以超越我的記錄」，是因為還有一位當代的名人，如果關於他的報導全部屬實的話，他所服用的鴉片量其實是遠遠超過了我所服用的量的程度。

2 譯註：決疑論（Casuistry）：字面上的意思為「視個別情況而定」。廣義而言，這個詞通常比較傾向於注意具體的個案，而不是抽象通則的想法，也就是透過特定個案來探討通則的一種推理過程。狹義而言，這個詞指的是使用一些詭譎微妙的區分，來處理道德法律上的問題或者單純的倫理問題，藉以將什麼是可容許的和不可容許的清楚劃分開來。詳細請參閱 "CASUISTRY", in: Dictionary of the History of Ideas. https://web.archive.org/web/20060618095059/http://etext.lib.virginia.edu/cgi-local/DHI/dhi.cgi?id=dv1-35

3 譯註：威廉．威伯福斯（William Wilberforce，一七五九—一八三三年），英國國會下議院議員、慈善家、奴隸制廢止運動的指導者。此處（包含威廉．威伯福斯）的所有人名，於一八二一年文章初次刊載於《倫敦雜誌》之時皆為雜誌編輯以破折號隱匿，但作者於一八五六年收錄於其著作集的增訂版本中，重新填補上人名，除了「哲學家□□□閣下」之外，故將這些新版增補的人名，以中括號附註於後。以下隱匿處皆如此處理，以呈現本書初版的模樣。

〔艾薩克．米爾納博士〕[4]、□□□〔厄斯金〕爵士[5]、哲學家□□□閣下[6]、某位已故的國務次長〔亨利．阿丁頓〕[7]（他向我描述誘使他第一次使用鴉片時不可思議的感受，就和卡萊爾教會首席司祭說的話如出一轍，他說「他感受到彷彿有老鼠在啃咬與磨蝕他的胃壁一般」）、□□□〔塞繆爾．泰勒．柯立芝〕[8]閣下，以及許多其他不見得比上述這些人不聞名、然而在此贅述卻顯乏味冗長的名人，事實上都是這個圈子裡的人。現在，假使一個相對而言如此狹隘的小圈子裡，都可以提供如此大量的個案記錄（而且還只是在一個調查者**所知範圍**之內的紀錄）的話，人們自然可以由此推斷出，這個圈子的人其實在英國的全體國民中佔有相當的比例。然而，我曾懷疑過這樣一種推斷的正確性，直到我開始獲悉某些關鍵的事實，讓我確信這樣的推斷並不是毫無根據。我可以提出以下兩點論據：一、有三位可敬的倫敦藥商，在距離倫敦市區有相當一段距離的偏遠地區，正好我最近剛從他們那裡購買了少量的鴉片，他們向我保證，**業餘的**鴉片吸食者（我可能會這樣稱呼他們）的人數，在此刻已是多到無可計算的程度；而且，要將這些因為習慣成癮而離不開鴉片的人，與那些抱著自殺的念頭購買鴉片、結果成天給自己引來麻煩與爭端的人區分開來，事實上是相當困難的。此一論據僅限於倫敦而已。但是，二、（此一論據可能會使讀者更感驚訝）數年前，在我行經曼徹斯特之時，有數間棉花工廠的老闆告訴我，他們的工人們以相當驚人的速度染上了常用鴉片的習慣；有多驚人？好比說，在週六的午後，數家藥商的櫃臺已經備妥了一喱[9]、兩喱、或是三喱的藥丸，因為他們知道這些常客們晚上必然會前來買貨。工人們染上常用鴉片的習

4 譯註：艾薩克・米爾納（Isaac Milner，一七五〇—一八二〇年），劍橋大學皇后學院校長。

5 譯註：第一代厄斯金爵士（1st Lord Erskine，一七五〇—一八二三年），擔任大法官的職位。

6 譯註：哲學家□□□閣下：此處暗示的究竟為何人，作者本身也已無從記憶，因此於一八五六年的增訂版本中仍為匿名。

7 譯註：亨利・阿丁頓（Henry Addington，一七五七—一八四四年）英國托利黨政治家，於一八〇一年至一八〇四年出任英國首相。

8 譯註：塞繆爾・泰勒・柯立芝（Samuel Taylor Coleridge，一七七二—一八三四年），英國詩人、文學評論家，英國浪漫主義文學的奠基人之一。

9 譯註：喱（grain），英制重量單位，相當於六十五毫克。

慣，最直接的原因是他們的低廉薪資，這在當時還無法讓他們縱情揮霍於麥酒或者烈酒上，也有人認為，倘若將薪資調升的話，工人們也許會戒掉常用鴉片的習慣；但是，我不太相信有人在品嚐過一次鴉片這種神聖的奢侈品之後，會再降格返回酒精那種粗野世俗的樂趣上。在我看來，下述的觀點是再自然也不過的：

> 過去未曾有過機會品嚐的人們，如今開始享用；
> 而已經懂得品嚐的人們，如今需求更多。

的確，即使是醫學作家——他們理應是鴉片的最大敵人——也不得不承認鴉片擁有的驚人魅力。因此，好比說，格林威治醫院的藥劑師奧思特（Awsiter），便在他的〈論鴉片之效力〉（Essay on the Effects of Opium，於一七六三年出版）一文中，試圖解釋米德[10]並沒有明確充分地說明此一藥物的屬性、反作用等等，卻用了下述這般謎樣的術語（「*φωναντα συνετοισι*」〔可是，對於身處此一奧秘中的人來說，這完全是明白易懂的）來表達他的看法：「也許他（米德）考慮讓一般民眾都能理解這樣一個就本質而言過於敏感複雜的議題；然而，一旦許多人獲知這樣的藥物，他們或許會無差別地使用它，並且因此降低了必要的恐懼與警戒心，這本該是防範他們前去體驗此一藥物之強大效力的重要機制，**因為此一藥物之中，含有諸多不同的屬性，倘若這些屬性廣為人知的話，我們可能會養成使用的習慣，而且比土耳其人對鴉片有更高的需求**」；奧思特接著補充道：「這樣一種知識普及的結果，必然會造成全面性的不幸與災難。」奧思特所下的結論，我並非全然同意其必然性；但是，正是在這樣的論點上，使得我有機會在為我的自白作結語之際表達我的想法，並且將我的自述中所欲表達的**道德**寓意，在這裡呈現給讀者。

---

10 譯註：理查．米德（Richard Mead，一六七三—一七五四年），聖湯瑪斯醫院的醫師，喬治二世及艾薩克．牛頓皆曾為他的患者。

目次

引言：喬治·阿姆斯壯·萬霍普 11
致讀者 29
第一部 41
初步的自白 43
第二部 117
鴉片的快樂 127
鴉片的痛苦序 159
鴉片的痛苦 189
附錄 237
譯名對照表 258

第一部

初步的自白

這些初步的自白，或者說，這些初步敘述筆者年輕氣盛時的冒險故事，正是這些故事奠定了筆者晚年服用鴉片習慣的根基，可以說非常合適作為我的自白前提，這麼說乃是基於以下三點原因：

一、先行提出一個質問，接著再給它一個令人滿意的答案，即使這樣的做法很可能導致這個鴉片服用的告白在過程中遭受干擾而中斷——「哪一個有理性的人會讓自己受制於這樣一個悲慘苦痛的枷鎖；他是心甘情願如此卑屈地囚困在這牢籠之中，並且故意用這樣一個七重的枷鎖來束縛自己嗎？」——這樣一種質問，倘若沒有獲得某種合情合理的解釋的話，幾乎無可避免的將輕易引發大眾對這樣一種荒唐、愚蠢行動的憤慨情緒，並且阻止人們對這樣的行為表示某種程度的同情——而這樣的同情心對於一位作者的寫作目的而言，無論如何都是相當必要的。

二、提供一把鑰匙，讓人們得以進入這位鴉片吸食者後來夢境之中滿佈的美妙景緻的某些部分。

三、除了告白內容之外，提供一些告白者本身以前便存有的個人興趣，這可以成功地讓告白本身變得更加有趣。假使一個「談論話題都是牛」的人會成為鴉片吸食者的話，那很可能是因為（倘若他不是因為過於駑鈍而毫無夢想的話）他想要做一些與牛有關的夢；這時，讀者看著他們眼前的這個案例，他們會發現這位鴉片吸食者自詡是一位哲學家；他們也會因此發現，**他的**夢境（或醒或睡、或做著白日夢、或做著夜夢）中變幻不定的幻覺，其實是非常適合於這樣一位擁有哲學家性格的人：

> 凡是關乎人性的，皆於我無甚陌生。
> （*Humani nihil à se alienum putat.*）[1]

因為在讀者所認定的、要維持哲學家這個稱號的宣稱時萬萬不可或缺的條件之中，並非僅是擁有善於**解析**的卓越智識而已（然而，就此部分的主張而言，英國在數個世代以來幾乎沒出過幾個符合條件的人；至少，除了**塞繆爾．泰勒．柯立芝**，以及就一個比較有限的思想領域而言，近年來赫赫有名的**大衛．李嘉圖**[2]這兩個人物之外[3]，他們並不知道還有哪一位知名人士，可以榮獲「**精緻細膩的思想家**」的稱號），還包括一種**道德**能力的建構，因為這樣一

1 譯註：引述自羅馬劇作家泰倫提烏斯（Terentius）的劇作《自我折磨的人》（*Heauton Timorumenos*）〔1.1.25：「Homo sum; human nihil a se alienum putat.」〕。

2 譯註：大衛．李嘉圖（David Ricardo，一七七二—一八二三年），英國政治經濟學家，著有《政治經濟學及賦稅原理》等書。

3 這裡或許還可以再附加上一個同屬例外的作家；然而，我之所以沒有補充這個例外，主要是因為我所提及的這位作家，只有在他年少時期的努力中，明確地表現出他對哲學主題的關心與建議；他將他圓潤熟練的能力（在英國當前普羅大眾的思想趨勢引導下，基於非常情有可原且非常明白易懂的理由）全都奉獻在批評與美術上。然而，除了上述這個原因之外，我懷疑是否應該將他視為一位尖刻敏銳的思想家，而不是一位精緻細膩的思想家。此外，在他對於哲學相關主題的駕馭與掌控上，還有一個非常大的缺陷，就是他很明顯沒有受過正規的學校教育：他在年少時期並沒有閱讀過柏拉圖（這很可能只是他的不幸），而且在成人時期也沒有閱讀過康德（這就是他的罪過）。〔譯註：作者在這裡所暗示的作家，應為威廉．赫茲利特（William Hazlitt，一七七八—一八三〇年），英國隨筆作家暨文藝批評家〕

種能力可以賦予他一種內在的透視力及直觀能力，讓他得以洞悉我們人類本質之中神秘難解的幻象與奧秘：簡而言之，就這些能力的建構而言，（在從遠古時代人類開始出現在這個星球上，而且不斷延續生命的所有世代之中）我們英格蘭的詩人可以說已經擁有最高程度的能力，而蘇格蘭教授[4]連能否具備最低限度的能力都不得而知。

我經常被人問道，究竟一開始是如何成為一個上癮的鴉片吸食者，而且非常不公平地，也讓我感到相當難過的是，在我所知所聞的範圍之內，人們總是認為在我沈溺於鴉片的這段漫長過程中，純粹只是為了以一種人為的方式來創造出一種刺激愉悅狀態的目的罷了，而我認為應該記錄下來的所有這些痛苦與折磨，全都是我的自作自受。然而，這是一個對我的事例的嚴重扭曲。事實上，在近乎十年的期間以來，我只有少數幾次是為了謀求鴉片帶給我極致愉悅的目的才服用鴉片；相反地，關於鴉片，我始終抱持著下述這樣的觀點：為了重新喚起刺激愉悅的感受，我認為有必要在數次的縱慾行動之間，間隔一段長一點的時間，如此可以有效保護自己，避免造成任何一種對身體有害的結果。

服用鴉片，並不是為了達到一種創造愉悅的目的，而是為了減輕難以忍受的劇烈痛苦，因此，我首次開始使用鴉片，作為我日常生活飲食的一個部分。在我二十八歲那一年，我患有非常痛苦難耐的胃疾，那是大約在十年前，我第一次體驗到的痛苦經驗，以無情猛烈的力道襲擊了我。此一胃疾原先是起因於極度的飢餓，那是我在少年時期必須經常忍受的痛苦。而在我充滿希望及喜樂滿溢的時節裡（也就是從我十八歲至二十四歲的這段時期），它安靜地蟄伏在我的體內；接下來的三年間，它每隔一段時間便無預警地復發；而現在，我正處於相當不順遂的狀態，抑鬱沮喪，意志消沈，此一胃疾於是無情猛烈地襲擊我，我苦無治療對策，只好浸溺苟安於鴉片之中。年少時期的痛苦經驗，是一開始造成我的胃部功能失常的主因，但是這些經驗本身以及當時所處的情境實在非常有趣，因此，我想在這裡對它們做一些簡短的回顧。

我的父親在我大約七歲的時候過世，將我託付給四位監護人照顧。我被送

---

4 我要聲明我並非暗指**現存**的任何一位教授，事實上我也只認識其中的一位而已。

至各個不同的學校就讀，大大小小的都有；而且，我從非常早期開始便展露出我在古典文學上的出色造詣，尤其是在希臘語方面的知識。十三歲之時，我可以毫不費力地書寫希臘語文；十五歲之際，我可以說已經相當熟稔，可以自由操控此一古典語言，因此，我不僅運用抒情詩的韻律來創作希臘詩文，甚至可以流利地使用希臘語與人交談，毫無滯礙——我在當時並沒有與我那個時代的任何一位學者相識相遇，因此，能夠達到這樣的成就，要歸功於我每日勤勉不倦地閱讀報紙，將其內容譯成我可以**即興發揮**的、最貼切的希臘語文；因為我必須窮盡我的記憶力與創造力，來搜尋各種迂迴婉轉的表達方式以及各種組合的可能性，以對應報紙上所傳達的各種現代的思想、意象、事物關係等等，這樣的練習為我提供了一個指引的方向，而這樣的經驗在我翻譯枯燥乏味的道德文獻等等之時，可以說從未出現過。我的一位老師，指著我向一位陌生人說：「那個男孩，那個男孩可以對著一個雅典暴徒滔滔不絕地說教，比起您和我對著一個英格蘭的暴徒演說還要來得流暢。」這位使用了這樣的讚詞來稱頌我的老師，本身是一位學者，「而且是一位成熟老練、優秀的學者」，在所有指導我的家庭教師之中，他是唯一一位深得我敬愛或尊崇的老師。然而，對我來說非常不幸地（而且我在後來才知道，這位可敬的老師也為此感到相當憤慨），我被轉送給另一位監護人照顧，這個人是一個實實在在的笨瓜，他始終處於一種驚惶恐慌的狀態，深怕在我面前暴露他的無知；最後，我被送給一位可敬的學者[5]監護，他在當時擔任一所創立歷史相當悠久的知名學校的校長。這個人是受到牛津大學的推薦，而被任命至這樣一個職位，他是一位認真可靠、受過良好教育的學者，但是（就如我在牛津大學所認識的大多數人一般）他拙劣憨愚、庸俗粗鄙，而且不甚高雅。非常不幸地，在我的眼中，他與我最敬愛的老師大相徑庭，後者展現出的是伊頓中學的學生所具備的出色才華；而且除此之外，我也無時無刻不注意到，他絲毫無法掩飾他在理解上的駑鈍與匱乏。無論是在聰明才智上，亦或在心智能力上，作學生的都遠遠勝於他的指導老師，對

5 譯註：指查爾斯．羅森（Charles Lawson），曼徹斯特文理學校校長。德昆西於一八〇〇年開始於此校就讀，於一八〇二年七月從此校逃離。

於一個少年來說，獲悉這樣的事實是一件多麼糟糕的事。至少在我所知的有限範圍內，我並不是唯一一個個案，當時還有兩個男孩和我一起組成了一年級的班，他們即使稱不上是更為優雅的學生，也絕非更習慣為高雅美德獻身，但是比起這位校長，他們都是更為優秀的希臘語學者。在我第一次踏入教室之時，我記得我們一起閱讀了悲劇詩人索福克里斯的作品；而且，看見我們的「校長大人」[6]（他喜歡我們這麼稱呼他）在上課之前記誦教授的課程，並且使用辭典和文法書設計了一套僵化的訓練法，以轟炸和殲滅的方式（可以這麼說），來解決他在這個異口同聲的隊伍裡發現的任何一道難題，這對於我們三個博學多聞的一年級生來說，一直覺得這是我們更勝一籌而倍感得意之事；而且，不到上課的時間，**我們**絕對不會卑屈地打開我們的課本，我們通常會把時間花在書寫嘲笑他戴的假髮的諷刺短詩上，或者用來做一些類似的、更重要的事情。我的兩位同班同學家境貧窮，他們必須獲得校長的推薦信，將來才可以在大學裡就讀；但是，我和他們不同，我有父親留給我的一小筆遺產，這筆遺產的收入足以支付我的大學學費，我希望可以馬上被送進大學。關於此事，我向監護人表達了我最懇切的願望，但是全都徒勞無功。一位對我比較認真負責且對這個世界有著比較多瞭解的監護人，住在距離我很遠的地方；其他的三位監護人之中，有兩位將他們的監護權全都交付在第四位監護人的手上；而第四號的監護人，是我必須與其交涉談判的監護人，他本身是一位令人欽佩、值得尊敬的人，但是他傲慢不遜、頑固倔強，而且絲毫不能容忍任何與他的想法相左的意見。在一定數量的書信往返以及親身晤談之後，我發現不能對我的監護人抱有任何期望，甚至沒有一點妥協的餘地。他要求的是我對他的話百分之百的順從，因此，我準備採取其他一些手段來說服他。現在，炎熱的夏季已經匆匆到來，很快地，我就要迎接十七歲的生日，我在自己的內心裡宣誓，在這天之後，我就不再算是學校的學生了。錢是我首先必須入手的東西，因此，我寫信給一位上流階級的女性——她本身雖然非常年輕，但是自我幼年時期她便認識我，而且近來待我極佳——懇請她「借」我五基尼的金幣。然而，過了一週以

6 譯註：校長大人（*Archididascalus*），拉丁文，一般用來指稱學校校長。

上的時間杳無音訊，我開始感到灰心喪志，最後終於來了一位使僕，將封蠟上蓋有小皇冠封印、約有兩倍份量的一封長信，交付至我的手上。這封信是多麼地仁慈與親切。書寫這封信的美麗女士，現在正在海岸邊度假，因為如此，才導致了信件回覆的延誤；她隨函附上了我向她懇求的兩倍金額，並且和善地向我示意，假使我**完全無法**償還她這筆錢的話，她也絕對不會因此有任何損失。現在，我已經準備開始實行我的計畫。十基尼的金幣，加上我剩下大約還有兩基尼左右的零用錢，對我來說，這似乎已經足以讓我在一段無限長的時間裡盡情花用；而且，在當時那樣幸福歡樂的年紀裡，即使仍懵懵懂懂、不清楚自己的能力畢竟是**有限的**，但卻因為希望與快樂的心靈而簡直像是無限的。

這是詹森博士[7]提出的一個相當有理據的見解（但是，我們不能老是提到他的見解，這是一種屬於非常感受性的東西），他說，我們若意識到這是最後一次做一件事（也就是說，最後一次做那些我們長期以來一直習慣做的事），沒有人不會感到難過悲傷。當我就要啟程離開，離開一個我從未熱愛過，也未曾感受到歡欣喜悅的地方之際，我深切地體會到這樣的事實。就在我要離開的前一天晚上，那棟古老而高大的教室充滿了晚禱的聲音，不斷迴盪在我的耳際，我感到不勝唏噓，心想這將是我最後一次聆聽這樣的聲音；在那個夜晚開始晚點名之時，我的名字（一如往常）是第一個被點到的名字，我走上前去，從站在一旁的校長面前經過，向他鞠躬敬禮，並且極為認真地注視他的臉孔，我對自己說：「他年事已高，而且體弱衰老，我想在這個世界上不會再有機會與他見面。」我是正確的；我**的確**再也沒見過他，我也不應該再見他。他心滿意足地看著我，對我投以親切和藹的微笑，並且向我回禮（或者應該說，向我道別），我們兩人從此分別，永遠不相往來（雖然他對此毫無所知）。在理智上，我無法對他懷有尊敬之心，但是，他待我仁慈親切，始終如一，並且原諒我諸多的嬌縱任性；一想到我總是想羞辱他、給他找麻煩，不由得感到難過悲傷。

7 譯註：塞繆爾·詹森（Samuel Johnson，一七〇九－一七八四年），英國十八世紀後半文壇最著名的文人之一，文評家、詩人、散文傳記作家。

隔天清晨，我啟程走向這個世界的時刻來到，不僅如此，我接下來整個人生的許多重要關鍵點，都要接受這未知世界的渲染。我寄宿在校長的家裡，而且初來乍到之時，便享有私人房間的特權，我使用這個房間作為寢室與書房。我在清晨三點半起床，情緒激昂地凝視著□□□（聖瑪麗亞教會）的古塔「籠罩在清晨的微光之下」，在七月一個萬里無雲的清晨裡，慢慢地開始透映出微亮的光線，渲染上緋紅的色彩。我的意志堅定，矢志不移；然而，我仍因為深知自己即將面對未知的危險與麻煩而心煩意亂；此外，倘若我可以預知即將降臨在自己身上、最殘酷無情的苦難雷電與風暴的話，好吧，我可能會為此感到心煩意亂、躁動不已。相對於我內心的躁動不安，這美好清晨的深沈平靜，呈現出一種深切動人的對比，在某種程度上，也可以說是一種治癒人心的良藥。比起午夜的寂靜，清晨的寧靜更為深沈奧妙；而且，對我來說，比起其他季節的清晨，夏季清晨的寧靜更為觸動人心，因為此時透映出來的光線，就如一年之中其他季節正午之時映射出來的光線一般，光輝明亮，強而有力。但是，夏季清晨看起來不同於正午時分，主要是因為我們人還沒有走出室外；也因為如此，自然以及神所創造的天真無邪生物之間的安和樂利，只要人的存在及其焦躁不安的靈魂，不在這裡擾亂它的神聖與莊嚴的話，似乎就可以不受威脅而長保寧靜。我起身著衣，拿起我的帽子與手套，在房間內稍事逗留。過去的一年半以來，這個房間曾經是我「沈思的堡壘」：我在這裡徹夜閱讀書籍與鑽研學問，而且，在這一年半期間的後半段裡，原本內心充滿著愛與溫柔情感的我，卻在與我的監護人之間爭執雄辯的衝突與狂熱中，漸漸失去歡欣喜悅的情懷，這的確是無可否認的事實。而且，另一方面，我是一個如此熱愛研讀書籍，並且專心致志於追求學問的男孩，我無法在長期處於灰心沮喪的狀態下，還能振奮精神享受許多歡樂的時光。就在我環視曾經使用過的椅子、暖爐、書桌，以及其他再熟悉不過的物品時，我掉下了眼淚，我太清楚的知道，這是我最後一次注視它們的機會。在我寫下這段文字之際，這些都已經是十八年前的陳年舊事了，然而，即使在此時此刻，這些往事依然歷歷在目，彷彿是昨日才發生的一般，我依然可以清楚地看見，臨別之際我投以深深一瞥物品的輪廓與表情：那是一幅美人的肖像畫——它就懸掛在壁爐上方，她的雙眼與紅唇是如此地優美，整個臉上洋溢著幸福喜悅，表情是多麼仁慈溫柔，充滿了平靜與神聖的光輝，我有無數次忍不住擱下正在書寫的筆或是正在閱讀的書籍，轉而凝視這幅畫，希望可以從這幅畫中尋求一點慰藉。就在我注視這幅畫的同時，□□□〔曼徹斯特市政廳的〕鐘塔傳來了低沈的報時鐘聲，已經是凌晨四時。我走向畫中人，獻給她一吻，接著輕輕地走出房間，永永遠遠地關上這一扇門！

在這裡的生活，有著無數的歡笑與淚水交織與融合在其中，因此，當我回想當時發生的每一個事件時，我無不發出淺淺的苦笑。然而，這樣的回想幾乎已經妨礙了我此時此刻實行的計畫。我帶著一個極為沈重的大行李箱，裡面除了我的衣物之外，還有我幾乎所有的藏書也都收納其中。要將這個大行李箱拉至承運者的馬車上，是相當困難的一件事：我的房間位於這棟房子頂端的小閣樓上，而且（最糟糕的是）我一定要經過迴廊，才可以接近與這棟建築物一角相通的樓梯，除了從校長的房門前經過之外，別無他法。我深受在此工作的僕傭所喜愛，而且我知道他們每一個人都會設法掩護我，並且為我保密。我和校長的一位馬車伕聊到我的難堪處境，這位馬車伕向我發誓，他願意為我做任何事來實現我的願望，並且在時間來到之時，上樓幫我將行李箱扛至樓下。我很擔心根本沒有人有力氣扛起這個行李箱；但是，這位馬車伕是一個真男人——

> 他擁有巨人亞特蘭提斯的肩膀，可以一肩扛起
> 最強大的君主專制的重量[8]

而且，他的後背就如索爾茲伯里平原[9]一般寬廣遼闊。因為如此，他堅持

8　編註：引述自英國詩人米爾頓（John Milton）《失樂園》（*Paradise Lost*）第二卷第三〇六至三〇七行描述撒旦的部分。

9　編註：索爾茲伯里平原（Salisbury Plain），英國海外領土南喬治亞島北岸的平原。

可以獨自一人將沈重的行李箱扛下樓，而我則站在底下的樓梯間焦慮地等待他完成任務。經過一段時間，我聽見馬車伕緩慢而穩健的腳步聲，他終於要走下樓；但是，很不幸地，由於他內心仍有些驚慌恐懼，就在他逐步靠近危險的區域之際，也就是距離迴廊的數步之遙，他的腳不小心滑了一跤，沈重無比的行李箱差點從他的肩上滑落，這也在他下樓梯踏出的每一步上，更增添了難以承受的壓力，因此，在他終於踏上樓層地板之時，行李箱滾了下來，或者應該說，飛了出去，滾到了對面校長大人的寢室前，碰的一聲撞上了寢室的門，聲音之大，宛如有二十個惡魔齊聲叫囂一般。我腦中閃過的第一個念頭是，完了，一切都結束了，而我唯一一個能夠全身而退的機會，便是犧牲我的行李箱。然而，冷靜下來想一想，我還是決定聽天由命。馬車伕陷入極度驚慌失措的狀態，無論是為了他自身的立場，還是考慮到我的處境；然而，儘管如此，面對這樣一個令人難堪的**不測之災**，他所有的想像仍無可抗拒地被一種滑稽可笑的荒謬感所佔據，他爆出了一長串響亮有力的笑聲，聲量之大，彷彿就要喚醒以弗所沈睡的七聖童[10]。聽見如此這般清澈響亮的歡笑聲，哪怕在威權者的耳朵裡聽來是多麼地冒犯不敬，我仍無法克制自己跟著發笑，加入了這場歡樂的盛宴；止不住的大笑，並不是因為沈重的大皮箱**不小心**滾落下來的悲慘事故，而是因為這樣的慘劇在馬車伕身上產生的荒謬滑稽效果。當然，我們兩人都等待著□□□（羅森）博士從他的房裡開門而出，大發雷霆，因為在平常的時候，即使是一隻小老鼠在他房前走動，他也會如同一頭獒犬一般從牠的狗屋裡迅速飛奔而出。但是，說來不可思議，在這樣一個騷動的情況下，即使我們兩人的笑聲已經漸漸停歇，從他的睡房裡卻沒有任何聲響傳出，他甚至也沒有起身翻動的樣子。□□□（羅森）博士患有令人痛苦的疾病，這有時會讓他失眠睡不好覺，但或許有時病痛**發作**，反而會讓他睡得更熟。聽見睡房裡始終寂靜無聲，馬車伕重新拾起他的勇氣，他再次將沈重的行李舉上肩頭，在沒有任

10 譯註：「以弗所沈睡的七聖童」，因羅馬皇帝德西烏斯（Gaius Messius Quintus Decius，二〇一—二五一年）迫害基督徒而逃跑的七個孩子，躲進以弗所城外的一個山洞中睡著了，洞口被皇帝下命封住。此後經過兩百多年的時間，洞口才被打開，人們發現這七位孩童仍在山洞中沉睡。相傳此七人乃為早期的基督徒。

何意外的情況下，完成了將行李扛下剩餘階梯的任務。我一直等待著，直到看見行李箱放在一部手推車上，一路通往承運者的馬車上：然後，「遵從神的旨意引導我」[11]，我帶著裝有幾件衣物的小包裹，將之挾抱在我的手臂下，起步向前邁進；一邊的口袋裡，裝有我最喜愛的一位英國詩人的詩集，另一邊的口袋裡，則裝著一卷十二開的小書，裡頭收錄了希臘詩人歐里庇得斯的九齣悲劇。

我原本打算前往威斯特摩蘭郡，一方面因為我對這個地方懷有深厚的情感，另一方面則是基於某些個人的考量。然而，一些偶發事件卻意外地改變了我漂泊之旅的方向，這時的我，正邁開步伐轉往北威爾斯的方向前進。

在登比郡、梅里奧尼斯郡、以及卡那封郡[12]流浪了一段時間之後，我最後在B〔班戈[13]〕小鎮一間乾淨舒適的小屋子裡住了下來。在這裡，我也許可以非常輕鬆愜意地停留數個禮拜的時間，因為在B〔班戈〕小鎮食物的價格非常便宜，它擁有廣大的農作物生產區，即使其他的市場經常處於食物短缺的狀態，這座小鎮仍隨時有大量充足的糧食可提供。然而，一場意外迫使我不得不重啟我的流浪之旅，即使在這場意外之中，其實並沒有人要刻意冒犯我。我不知道我的讀者是否已經注意到，但是**我**經常可以觀察到，在英國，認為自己的階級最尊貴不凡的人們（或者至少最明顯地對自己的階級感到自負驕傲的人們）便是主教家族。貴族以及他們的後裔，與生俱來（看他們尊貴可敬的頭銜！）便擁有可以充分昭示其階層地位的事物。不僅如此，他們尊貴可敬的姓氏（這種情況也同樣適用在許多沒有頭銜的家族孩子身上），聽在英國人的耳裡，通常也是一種充分彰顯其高貴出身或者名門血統的表徵。薩克維爾（Sackville）、曼納斯（Manners）、菲茨羅伊（Fitzroy）、波萊（Paulet）、卡文迪斯（Cavendish），以及其他許多姓氏，都訴說著他們自身悠遠流長的故事。因此，這些人，無論走在何處，都可以依靠其尊貴的血統與身份，輕易地獲得

11 譯註：引述自米爾頓《失樂園》第十二卷第六四七行的結尾部分。

12 編註：登比郡（Denbighshire）、梅里奧尼斯郡（Merionethshire）、以及卡那封郡（Caernarvonshire），這三個郡皆位於北威爾斯。

13 編註：班戈（Bangor），北愛爾蘭的一座城市。初版只用簡稱B。

他們應享的關注與權利（除了那些因為出身低賤卑微而對這個世界一無所知的人之外）：「不知道**他們**的人，想必自身也是沒沒無聞的無名小卒吧！」[14]他們的行為舉止進退得宜，並且充分展現出上流階級的特色，而且，一旦他們覺得有必要給人留下一個深刻的印象，讓人意識到他們的尊貴不凡，他們會營造出成千上百個機會，透過許多屈尊俯就的殷勤舉動，來適度地展示與調整他們高人一等的意識與態度。主教家族卻不是這麼一回事：對於主教家族來說，要主張他們的自負不凡需要耗費相當多的心力；因為不論何時，貴族家庭出身的人就任主教一職的比例都不是非常高，而且，主教職位的承襲與交替往往是急促短暫的，因此主教的名號根本沒有充裕的時間可以浸透擴散至大眾的耳裡，除非他們本身在文學著作上饒有成就，享有一定的名望和聲譽。因此，主教的孩子們經常會表現出一副苛刻冷淡、嚴峻自負的可憎模樣，來凸顯他們一般而言沒有廣受大眾認識的尊貴與權利，他們永遠都表現出一副**少來惹我**（*nilo me tangere*）的模樣，對人們過於親暱的舉動感到焦慮不安，而且就像神經敏感的痛風患者一般，畏怯退縮以避免與任何一位**庸俗的大眾**（οἱ πολλοί）接觸。毫無疑問地，擁有強大的理解力，或者擁有超乎尋常的良善天性，可以保護一個人免於陷入柔弱怯懦的困境，但是，我想大多數的人都會贊同我所陳述的事實：驕傲自負，即使不是根基於其固有的源生家庭，至少會更多表現在他們表面的行為舉止上。這些行為舉止的精神內涵，自然而然也會傳遞給他們的家僕以及其他的侍從。當時，我寄宿公寓的女房東曾經在〔班戈〕主教家裡擔任過主教夫人的女僕或者保母，但是後來結婚搬走，並且在生活中（就如這類人會如此表達般）「安定下來」。在B〔班戈〕這樣的小鎮上，光是曾經在主教家裡待過一段時間的經驗，便代表了某種程度上的與眾不同；而我的女房東展現出驕傲自負的程度，甚至比我所觀察到的更有過之而無不及。「主教大人」說過什麼，「主教大人」做過什麼，「主教大人」在議會起了多大的作用，以及「主教大人」在牛津是多麼重要的人物等等，都是她每天的日常對話中一再重複出現的話題。面對所有這些，我都可以應付自如，因為我的個性太

14 譯註：引述自《失樂園》第四卷第八三〇行。

過善良仁慈，使得我在任何人的面前都不會輕易訕笑出聲，而且，對於這位老侍僕的叨嘮絮語，我也能以充分放開的心胸寬容對待。但是，無可避免地，我在她的眼中，想必沒有充分表現出對主教的敬意，沒有充分體會到主教的重要性，而且，或許是為了懲罰我的漠不關心，或者也許只是意外，有一天，她又在對我重複訴說一個對我而言只是間接相關的話題。她說有一次到主教的宅邸時，向主教的家人請安致意，當時，晚餐剛剛結束，她被傳喚來到飯廳。就在她報告最近的家庭收支與開銷等經濟狀況之時，她碰巧提到自己已為出租公寓找到了房客。於是，這位（看似）親切的主教剛好利用這個機會告誡她，要她千萬記得慎選房客，他說：「因為貝蒂，妳必須謹記，我們這個地方正是位於通往霍利希德[15]的主幹道上；也因為如此，有大批的愛爾蘭騙子會為了躲避債主而逃到英國來，以及大批的英國騙子會為了躲避債主而逃到曼島去，他們很有可能在逃債的過程中，就躲在我們這個地方。」主教的這個忠告當然並不是毫無理由與根據，但是，它似乎比較適合留存在貝蒂夫人的私人考量之中，而不該刻意向我轉述。然而，她接著說出來的話聽起來似乎有些糟糕。「啊，主教大人，」我的女房東（根據她自己對此一事件的陳述）回答道：「我真的不認為這位寄宿的年輕紳士是一個騙子，因為……」我滿腔怒火，激動地打斷她的話：「您不**認為**我是一個騙子？那麼從現在開始，我就讓您省去以後再思考這個問題的麻煩！」接著，我馬上收拾行李準備離去，一刻也不容延緩。這位親切的女士似乎想為此做出一些妥協；但是，那些刻薄、瞧不起人的言辭表述——我恐怕得將這些針對我的傲慢言辭歸咎於那位學識淵博的權貴人物——卻反過來激起**這位女士**的怒火，如此一來，我們雙方更不可能達成和解。我的確因為這位主教針對我的暗示性話語而感到大為惱火，他有意無意地提出任何一種理由——儘管可能性非常低——來懷疑一個他未曾謀面的人；而且，我考慮是否使用希臘語來讓他瞭解我的心境，這同時可以協助他判斷我不是一個騙子的事實，而且（我希望）這也可以迫使主教使用相同的語言來回應我；如

15 譯註：霍利希德（Holyhead，簡稱 Head）是位於英國威爾斯西北安格爾西郡聖島上的一座城市，其港口是愛爾蘭海沿岸的主要港口之一，由此可以乘船前往愛爾蘭或者曼島（Isle of Man）。

此一來，整個情況便看起來是，即使我並不如這位主教大人一般奢華富有，但我是一位更為優秀的希臘語學家，對此，我深信不疑。然而，冷靜下來重新思考，我把這個天真、孩子氣的計畫拋諸腦後；因為我考慮到，主教的確有權向他的老僕人提出忠告；而且，他可能也沒有預期他的忠告會被毫不保留地轉述給我聽；再者，根據貝蒂夫人的粗心大意，這導致她如數轉達主教的忠告，看來，她或許是以一種比較符合她本身的思考邏輯來為主教的忠告加油添醋，而不是一種貼近那位可敬主教的實際表達方式。

在不到一個小時的時間內，我便收拾好行李離開我的寄宿處，這樣的結果對於我來說是非常不幸的事件，因為從此之後，我只能住在小旅館裡，住宿的費用非常迅速地消耗掉我身上所有的金錢。兩週之後，我已經陷入了財源短缺的狀態；也就是說，我只能允許自己一天吃一頓飯。由於持續不斷的運動以及山間清新的空氣，使得我處於成長期的年輕胃袋總是充滿旺盛的食慾，我很快便開始在這樣飲食匱乏的生活下感受到相當大的痛苦，因為現在我唯一能夠冒險點購的餐點，就只有咖啡或茶而已。然而，即使是這樣微薄的餐點，我終究還是逐漸負擔不起；後來，在我待在威爾斯的那段期間內，我不是依靠採集黑莓、薔薇果、山楂等等的果實過活，就是在有機會幫忙做一些小差事之時，接受人們的款待作為回報。有時候，我會為一些有親戚住在利物浦或者倫敦的村民們撰寫商務信函；更多時候，我會為那些受雇為女僕居住在舒茲伯利（Shrewsbury）或者其他英格蘭邊境城鎮裡的年輕女士，書寫情書寄給她們的情人。無論是在上述的哪一種情況下，我都可以讓這些謙遜的朋友們對我的服務感到相當滿意，因此，一般而言，我都會受到非常好的款待；有一次，非常特別的是，在位於梅里奧尼斯郡的一個偏僻地區、鄰近蘭依斯汀頓（Llan-y-styndw，或者類似這種發音的名字）的一個小村莊裡，我在超過三天以上的時間裡，接受一個都是年輕成員的家族熱情、仁慈且友善的招待，這在我的心裡留下非常深刻的印象，至今不曾抹滅。此一家族的成員，在當時分別是四位姊妹和三位兄弟，他們全都是成年人，而且每一個人的行為舉止都非常細緻優雅，令人印象深刻。他們是如此地美麗，與生俱來的良好教養與溫文爾雅，我不記得在這之前或之後、在任何一個村莊裡，曾經見過這般美好的人們，除了在威斯特摩蘭郡與德文郡見識過一次或兩次之外。他們全都使用英語16交談，這在一個擁有如此多成員的家族裡，尤其是位處於一個遠離主要交通幹道的村落裡，並不是可以經常見識到的素養。如同我一開始介紹的一般，我在這裡為其中的一位兄弟撰寫一封關於獎金的書信，這位兄弟曾經在一艘英格蘭的軍艦上服役；另外，還有比較私人的部分是，我也為他們其中的兩位姊妹分別書寫了兩封情書。這兩位女孩的外貌都相當引人入勝，其中一位更是異乎尋常地甜美可人。無論是她們在口述之時陷入混亂和害臊的狀態中，或者甚至是給我一些概略籠統的指示之時，我其實並不需要花費太多力氣便可以發現，她們期望的只是她們的書信應該表現出溫和體貼，盡可能與她們文雅得體的少女自尊一致相符。我想方設法克制自己的遣詞用句，來調和滿足這兩位女孩的豐富情感；而且，她們感到相當開心和滿意，因為我將她們的想法（以她們天真不做作的方式）成功地表達出來，並且對我可以如此貼切地體會她們的心意感到驚訝無比。一般而言，一個人能否讓一個家族的女性成員們所接受，會為這個人在這整個家族裡受到款待的程度定調。在這個例子裡，我已經履行了我身為秘書的機密任務，並且獲得她們滿意的回應，當然或許是因為我的對話總是可以取悅她們，因此，她們誠摯地要求我多留幾天的時間，而我當然一點也不想回絕。我和這一家的兄弟們同寢一室，因為家裡唯一的一張空床擺在年輕女士的房間裡；但是，在其他各個方面，他們都以誠摯的敬意待我，完全沒有一般人對待像我這種荷包空空如也的人的樣子——彷彿我的博學多聞已經可以充分證明我是擁有「優良血統」之人似的。因此，我在這一家裡停留了長達三天的時間，以及甚至是第四天的很大部分時間；接著，從他們持續對我展現出來的、始終沒有消減的親切與熱情看來，假使他們的能力與意願一致的話，我相信我或許直到今日仍會繼續和他們待在一起。然而，在最後一天的早晨，在他們坐下來享用早餐之時，我察覺到他們的窘迫不安，是一種即將進行不愉快對話的表情；果不其然，不久之後，其中一位兄弟向我解釋，就在我到來的前一天，

16 編註：指英格蘭英語，因為在蘇格蘭、威爾斯與愛爾蘭等非英格蘭地區，仍有各自所屬的語言。

他們的父母親前去參加一場在卡納芬[17]舉辦的衛理公會年會，預計在今天返回家門；「而且，假使他們表現的並不如他們應該那般的親切有禮，」這位兄弟作為在場所有年輕人的代表，請求我不要對他們父母親的態度感到介意與不快。他們的雙親帶著一臉粗莽無禮返回家門，並且對我的任何陳述都簡短回以「*Dym Sassenach*」（**我不說英語**）。現在，我知道這是怎麼一回事了，於是，我向這些仁慈親切且富含趣味的年輕主人情深意切地辭別之後，我踏上了旅程；雖然他們熱心地向我為他們的父母說好話，並且再三對我辯解這兩位老人的態度「只是他們的表達方式而已」，然而，我非常容易便可以理解到，我為她們書寫情書的天份，就如我用希臘語撰寫的莎芙詩體[18]與阿爾卡詩體[19]一般，都不足以讓她們將我引介給兩位嚴肅的、六十多歲的威爾斯衛理公會派教徒；而我的年輕友人，他們是如此親切友善且殷勤有禮地接待我，然而，若是將這一切與那兩位老人嚴厲刻薄的舉止聯想在一起的話，他們的殷勤與友善或許就變成了一種同情與憐憫。毫無疑問地，雪萊[20]先生對於老年人的理解是正確的：除非是受到各種反對的力量強烈抵制，否則他們無疑是敗壞與危害人類溫暖慈善的同情心的可憐人。

在發生此一事件不久之後，我使盡手段讓自己輾轉來到了倫敦，礙於篇幅有限，我在此便不多贅述我使的究竟是什麼樣的手段。現在，我後半段的漫長苦難，不，應該說是痛苦掙扎，開始進入一個更加激烈極端的階段，這絕不是一種過度誇大的表達方式。因為我的身體現在正承受著飢餓的痛苦，已超過十六週的時間。我飢餓的激烈程度不一，但是，或許就如同任何一個在此經歷中倖存下來的人所能承受的一般，雖令人痛苦不堪，然而，我想沒有必要在這裡

---

17 編註：卡納芬（Caernarvon）位於威爾斯西北部。

18 譯註：莎芙（Sappho，約西元前六三〇—前五七〇），出生於萊斯博斯島（Lésbos）的古希臘女詩人，寫過無數情詩、頌神詩、銘辭等。

19 譯註：阿爾卡埃烏斯（Alcaeus，西元前六二〇年—？），與莎芙同時代、同樣出生於萊斯博斯島的古希臘抒情詩人。

20 譯註：珀西·比希·雪萊（Percy Bysshe Shelley，一七九二—一八二二年），英國浪漫主義詩人。關於其對老年人的相關論述，出現於《伊斯蘭的反叛》（*The Revolt of Islam*）第二詩篇第三三詩行。

詳述所有我曾經承受的苦難細節，來干擾讀者的情緒：因為不論是在任何一種最嚴重的不當行為或者犯罪的情況下，即使只是描述，都沒有人可以不帶一絲憐憫與同情心，來看待我所遭遇諸如此類的極端困境，這對於人類心靈的自然良善而言是相當痛苦不堪的。但至少這一次的機會，可以讓我講述一些經歷，例如，從某人的早餐餐桌上撿拾麵包碎片（他以為我生病了，但他並不知道我其實處於極度飢餓的狀態），而且是每隔一段不確定的時間才有一次撿拾的機會，就是這樣的反覆過程支持著我，讓我得以延續我的生命。在我這般受苦受難的前半段時間裡（也就是說，在威爾斯的絕大多數時間，以及在倫敦的前兩個月時間裡始終如此），我無家可歸，而且甚少有機會睡在可以遮風避雨的屋簷下。我沒有因為這樣的痛苦折磨而感到灰心喪志，主要的原因還是在於這種始終必須露宿街頭的悲慘狀態。但是，在後來，當天氣變得越來越冷且越來越險惡之時，以及當我因為長時間承受這般的苦難而開始陷入更加衰弱、憔悴的狀態之時，若有一個人在我接近他的早餐餐桌之時，允許我睡在一個他所承租的、暫時無人居住的大房子裡，這對我而言無疑是一個天上掉下來的大好運氣。我之所以稱其為無人居住的，因為此屋之中並沒有任何家庭成員或者職務人員居住；而且，也沒有任何家具，除了一張桌子和數張椅子之外。然而，就在我於此一新寓所找到一個落腳之處的同時，我發現這個房子裡已經住有一個同居者，一個可憐的、無依無靠的孩子，外表看起來大約十歲左右；但是，她看來似乎饑腸轆轆，飽受飢餓之苦，而這類的苦痛通常會讓孩子們看起來比實際的年齡還要成熟。從這個孤苦無依的孩子身上，我得知在我到來之前，她已經獨自在這裡留宿且生活了一段時間；當她發現我在未來的一段時間裡，將會成為陪伴她度過黑暗孤寂時光的同伴時，這個可憐的小女孩感到滿心歡喜。這是一棟相當大的房子，但是，因為沒有什麼家具，老鼠在屋裡出沒的嘈雜聲，在寬敞的樓梯間與大廳裡製造出異常驚人的回聲；而且，在那種身體感受到實實在在的痛苦與不適的嚴寒冷酷，以及，我恐怕得說，在難耐的饑腸轆轆之中，這個被遺棄的孩子（似乎）在漫漫長夜裡，從她自己創造出來的幽靈中遭受到更大的驚擾。我發誓一定會保護她，使她免於任何幽靈的侵擾，但是，唉！其實我也無法提供她任何其他協助。我們躺在地板上，用一捆捲起來的法律文件當枕頭，但是沒有其他可以覆蓋在身上的東西，只找到一種像是騎士身上穿的大斗蓬；但是，後來，我們在閣樓的房間裡找到一張老舊的沙發套，一小塊地毯，以及其他一些衣物的碎片，這些多多少少可以幫助我們抵禦寒冷。這個可憐的孩子一方面為了取暖，一方面為了確保自己的安全，不受她的幽靈敵兵的侵擾，她悄悄爬近我身邊，緊緊靠著我而眠。當我不再像平常那樣感到身體不適之時，我會將她抱進我的臂彎裡，如此一來，她的身體大抵可以變得比較暖和，而且經常可以在我無法入眠之時沈沈睡去，我之所以無法入眠，是因為在我備受苦難的最後兩個月的時間裡，我多半在白天的時間睡覺，而且在任何時刻都會輕易陷入短暫的昏睡狀態。然而，比起清醒的時刻，我的睡眠帶給我更大的困擾，因為除了我的夢境裡掀起的喧囂騷動（這些仍不如我之後所要描述的、經由服用鴉片所產生的夢境那般可怕），我的睡眠一直以來也僅能進入所謂**狗的假寐**[21]狀態而已；因為如此，我甚至可以聽見自己的呻吟聲，而且在我看來，似乎經常會突如其來地被自己的聲音吵醒；而且，大約在這個時期，每當我開始打盹、即將進入睡眠狀態之時，便有一種可怕的、毛骨悚然的感覺開始不斷縈繞著我，而且自此以後，這種感覺仍在我生命的各個不同階段裡，不斷回過頭來襲擊我——換言之，一種痙攣抽痛的感覺（我不知道是在那裡，但是很明顯出現在胃附近的部位），逼迫我必須粗暴地踢蹬我的雙腳，才可以減輕這種不適感。就在我慢慢進入夢鄉之際，這種難耐的感受便開始向我襲來，而我試圖減輕這種不適感的努力，卻也經常使我清醒過來，直到最後我終於因為精疲力盡才得以睡去；而且（就如同我之前說過的），由於身體越來越虛弱，我經常會不知不覺地睡著，而且也時常會驚醒。在這段期間，這棟房子的主人有時會突然進來看看我們，而且是在非常早的時間；有時候要到十點左右才會來，或者有時候根本就不出現。他一直擔心郡的執行官會來找麻煩。他比克倫威爾[22]的計畫更先進，每個晚上都睡在倫敦不同的街區；而且我觀察

21 譯註：意指「半睡半醒的假寐」。

22 譯註：奧利佛·克倫威爾（Oliver Cromwell，一五九九－一六五八年），英格蘭政治改革家，處斬英王查理一世，廢君主制。征服蘇格蘭和愛爾蘭，屠殺舊教信徒。相傳他因為擔心遭到暗殺，每個晚上都在不同的房間睡覺。

到，每當有人敲門之時，他總是在允許別人進來之前，透過一扇私人的小窗，觀察那些敲門者的樣子。他總是獨自一人吃早餐；的確，他現有的茶具也幾乎負擔不起邀請第二個人用餐的風險——不僅如此，說到他吃的**食物**，絕大多數也不過就是一個麵包卷或是一些小硬麵包罷了，這些都是他在前一個晚上就寢的地方的路上順道購買的。或者，萬一他**真的**辦了一場宴會的話，就像我曾經像學者般詳盡且戲謔地觀察他一般，參與這場宴會的成員，如果用形而上學家的口吻來說，成員彼此之間必然是以一種連續性的關係，而不是以一種共存的關係**站立**（不論是什麼樣的關係，總之就不是**坐著**）；換言之，他們的關係是在時間部分而不是在空間部分。在他享用早餐的期間，我一般會想辦法找個理由閒晃、靠近他，並且盡可能裝出一種冷淡、不在乎的樣子，去撿拾他遺留下來的食物碎片；有時候，根本什麼東西都沒剩下。我做這樣的事情，並不構成竊盜罪，當然，除了這個男人自己知道之外，因此，（我相信）他不得不偶爾在午餐的時間出門再去買一塊小硬麵包來充飢；至於那個可憐的孩子，**她**始終不被獲准踏入他的研究室（如果我可以用這樣的名稱，來為他主要用來存放一些羊皮紙、法律文件等等的儲藏室命名的話）；對她而言，那個房間是這棟房子的「藍鬍子的房間」[23]，他總是在出門吃晚餐的時候把那個房間鎖上，時間大約是傍晚六點左右，這通常也是他最後一次出門的時間，之後整個晚上都不會再回來。這個孩子究竟是這位□□□（布魯內爾）先生的私生女，或者只是一個小女僕，我尚無從確認；她自己也不太清楚；但是，可以確定的是，她徹頭徹尾就是被視為一個卑賤的女僕對待。每當這位□□□（布魯內爾）先生換裝整理儀容、準備出門之前，她便迅速地下樓去刷亮他的鞋子，準備他的外套等等；而且，除非是差遣她去跑腿，否則她絕對不會從那陰暗如地獄般的廚房角落裡出來，呼吸一下上層的新鮮空氣，一直要到晚上聽見我前來迎接她的敲門聲，她才會踩著細碎的小腳步，哆嗦地走到前門來。但是，至於她在白天的

23 譯註：《藍鬍子》（*La Barbe bleue*），法國詩人夏爾·佩羅（Charles Perrault）創作的童話，曾收錄在《格林童話》初版中。故事的主角藍鬍子，是連續殺害自己六任妻子的殘忍男人，他將妻子們的屍體放進一個絕對不能打開的房間。

時間裡究竟是如何度過的，我所知甚微，幾乎都是從她與我在晚間的對話中推測出來，因為我只要看見房子的主人開始工作之際，我想我不在場的話應該會比較好，因此，大多時候我會出門，然後坐在公園或者某個地方，直到夜幕降臨。

然而，另一方面，我不禁想問，這棟房子的主人究竟是誰，以及他究竟是何方神聖？親愛的讀者，他是一個古怪的、低階法律事務所的開業律師，這種人——該怎麼說呢？——基於某些謹慎的理由，或者基於某種需求，絕不放任自己恣意沈浸於一種過於微妙纖細的道德良心中，那是一種奢侈（這是一個或許經過相當大幅度刪減的迂迴說法，**至於能否接受**，就留待讀者自身的品味決定）：在許多行業中，良心是比一個妻子或者一輛馬車還要來得昂貴的負擔；而且，正如人們常說的「卸下」他們的馬車一般，我想我的朋友□□□（布魯內爾）先生已經暫時「卸下」了他的良心，換句話說，倘若仍有餘力的話，他無疑還是可以立即拾回他的良心。如果我可以允許自己拿這位先生開玩笑來取悅各位讀者的話，那麼這樣一個男人的日常生活，其內在節省的一面所呈現的可能是一種極為詭異的景象。即使可容我觀察事態進展的機會十分有限，我依然親眼看見許多發生在倫敦的陰謀與複雜的詐騙手法，如「天體循環和本輪，軌道中有軌道」[24]；直到今日，一想起這些往事，我偶爾還是會禁不住笑意，而且，儘管當時的我過得如此淒苦悲慘，我還是無法克制自己不發出笑聲來。然而，我當時的情況並無法提供我個人足夠多的經驗，來判斷這位□□□（布魯內爾）先生性格中的任何特質，除了向他表示敬意之外，我對他所知不多；而且，在他所有奇特的人格特質中，有一點我絕對不會忘記，亦即，他是如此樂於助人，對我十分仁慈親切，並且就他能力所及的範圍之內，對我也相當慷慨大方。

老實說，這能力所能及的範圍也不是非常廣大；但是，我就和那裡的老鼠

24 譯註：引述自《失樂園》第八卷第八十四行：cycle and epicycle, orb in orb。《失樂園》以一萬多行的詩句來詮釋《舊約聖經．創世紀》，對宇宙空間的有許多想像，但仍以「地球中心說」為主軸。

一樣，一毛錢租金都沒付便住了下來；而且，就如約翰生博士曾經留下的紀錄一般，他從未像這樣可以盡情享用如此大量的牆果[25]，這是他一生之中的唯一一次，因此，我應該心懷感激，因為在那絕無僅有的一次機會裡，我可以盡可能如我所願地，在一棟倫敦的大宅邸裡選擇自己想要的房間。除了那間藍鬍子的房間之外，那可憐的女孩始終深信那個房間裡有鬼魂出沒，從閣樓到地窖的所有其他房間，都可隨我們任意使用；「世界就在我們眼前」[26]，而且我們可以在我們選擇的任何一個地方搭帳棚過夜。我已經描述過這棟房子是一棟非常大的房子；它所在的地點非常顯眼，座落於倫敦一個非常著名的街區。許多讀者在閱讀過我這篇自白之後的數個小時內，很可能就會從這棟房子的門前經過。就我自己來說，每當我有要事趕赴倫敦之時，必定前去拜訪；就在今夜，一八二一年八月十五日，大約十點鐘左右，這天是我的生日，我沿著牛津街而下一貫的晚間散步路線轉向離開，特地前去看一眼這棟房子的現狀；現在住在這棟房子裡的，是一個體面的家族，從前方宴客廳的燈光看來，我觀察到裡面正在舉行一場家庭派對，也許是一場茶會，看起來充滿歡樂與喜悅。相對於十八年前這棟同樣的房子，卻陰暗、酷寒、寂靜、以及荒蕪淒涼，這在我的眼中看來是一個多麼不可思議的對照。當時的夜晚，佔據這棟房子的，曾經是一個受凍挨餓的學者，和一個被拋棄的孤女。對了，說到這位女孩，數年之後，我曾經試圖找尋她的下落，但卻徒勞無功。除了她的悲慘處境之外，她實在不是一個可以稱得上有趣的孩子；她既不漂亮，腦袋也不甚靈活，行為舉止也不怎麼討人喜歡。但是，感謝上帝！即使是在那樣的年代裡，我並不需要猶如小說一般的美妙配飾來撫慰我的感情：簡單樸實的人性，包裹在最卑微且最無華的日常服飾下，對我而言已經是再充分不過，而且，我愛這個女孩，因為她是陪我一同度過悲慘淒涼歲月的伙伴。倘若她現在仍活在世上，她可能已經是一位母親，養育著她自己的孩子；但是，如同我剛剛說過的，我始終找尋不到她的

---

25 編註：牆果（**wall-fruit**），靠牆栽種的果樹，以提供掩蔽和保溫。此段出自知名傳記作家鮑斯威爾（**James Boswell**）所寫的《約翰生傳》（*The Life of Samuel Johnson*）。

26 譯註：引述自《失樂園》第十二卷第六四六行。

下落。

為此，我感到遺憾不已；但是，同時還有另一個人，也是我從當時開始一直試圖找尋的人，對此人我的態度更為深切認真，也因為如此，在找尋不到她的下落之時，我也更感深切悲痛。此人為一年輕女性，是僅能依靠賣淫收入為生的可憐階層之中的一人。我在當時，與許多身陷這種悲慘處境的女性多有交誼，我們彼此熟悉且交往親密，公開坦承此事，我絲毫不覺羞恥，也沒有任何理由感覺如此。讀者既不需要對此公開宣言無奈苦笑，也無需為此感到不悅；因為，我不需要提醒我的古典學讀者，應該都熟知「**酒食匱缺**」（*Sine Cerere*）這句古老的拉丁文諺語，也應該非常能夠想像，在我當時荷包空空的狀態下，我與這類女性之間的交際，絕對不是一種猥褻、不道德的關係。但是，事實上是這樣的，在我一生之中，我無時無刻不潔身自愛，避免自己接觸或者接近任何僅是披著人皮的妖魔鬼怪們，遭受他們的污染；相反地，從我非常年少的時期開始，直到今日，能夠親密友善地、**更為蘇格拉底式的**（Socratico）與各式各樣的人物交際，始終是我深以為傲之事，包括男人、女人、以及小孩等等，只要我有機會與他們相遇；這類的實際經驗，對於獲取關於人性的知識，培養良好的感受力，以及成為一位渴望被公認為哲學家的人所應具備的坦率態度而言，都是非常有助益的。因為一位哲學家不應該和那些自稱凡夫俗子的人們一樣，用可悲、狹隘的眼光來看待世事，並且充斥著各種對於出身及教育程度等狹隘、自私自利的偏見，哲學家應該視自己為萬象生靈之一，無論是身份高或是身份低的人，無論是受過教育或是未受過教育的人，無論是有罪之人或是無罪之人，都與他們站在平等的立場上，維持相等的關係。那時的我，必然會成為一個流浪者，或者一個街頭的漫步者，也因為如此，我自然會與這些女性流浪者——用這派的行話來說，我們稱她們為「阻街女郎」——有著更頻繁的接觸。這些女性中的許多人，偶爾會在巡夜人想把我從站立著的屋宅階梯上趕走之際，走過來袒護我。但是，在她們之中有一位女性，也就是我在這段談話裡特別要介紹的這位女性——喔，不，我絕不允許自己將這位擁有高貴聖潔心靈的安（Ann）與其他女性歸為同類。如果可以的話，讓我找出一些比較柔性的詞彙來說明她的處境。當全世界都背棄了我、離我而去之時，若沒有她的慷慨與憐憫，願意幫助一貧如洗的我，我想我大概無法苟活到今日。有好幾週的時間，我與這位無依無靠的可憐女孩，在夜裡沿著牛津街來來回回地踱步，或者和她一起在台階上以及在柱廊下休息。她的年紀大概沒有像我這麼大；的確，她曾經告訴我，她還未滿十六歲。我對她抱持著高度的興趣，這促使我不斷提出問題，也因為如此，我得以逐漸摹繪出她簡單的過往歷史。她的情況在當時是一個再普通不過的例子（從我之後的所見所聞看來，我認為我有充分的理由這麼說），而且，假使倫敦的慈善事業機關有更好的準備與計畫來處理這些事務的話，法律的力量或許能夠更頻繁介入來保護這些弱勢者，並且為她們申冤。但是，倫敦慈善事業的川流，即便可能是強而有力且影響深遠的，卻往往傾向於寂靜無聲且隱密地流向地下的渠道；它絲毫不明顯易見，也完全沒有打算讓那些可憐的、無家可歸的流浪者有觸及的可能性；而且，無可否認的是，不論是倫敦社會的外部氛圍或是內部體制，都是相當嚴峻苛刻、冷酷無情且令人反感的。然而，無論如何，我知道她所受的傷害，有部分可以非常輕易獲得補償，因此，我勸她要經常且嚴肅地在治安官面前提出她的控訴。

她無親無故，也無人可依靠，我向她保證她一定可以立即獲得關注，而且，英國的法庭不問貧賤富貴，對人一律平等以待，必定會迅速且充分地為她向那些掠奪了她的微薄財產的殘暴惡棍們做出報復。她經常向我承諾她一定會採取我三不五時向她提出的這些救濟步驟，但是她卻遲遲沒有動作，因為她是如此膽小怯懦且灰心喪志，從其低落程度可以看出，她內心的傷痛已經深刻地佔據了她青春的心靈；而且，或許她有充分的理由認為，即使是最正直的法官及最公正的法庭，也絲毫無助於彌補她沈重的冤屈。但是，如果沒有差錯的話，事情或許可以順利進行，因為我們終於決定一同前去解決她的問題。然而，不幸之事卻發生在我與她最後一次見面之時，原本一兩天之後，我們打算一同去找治安官，而我將在治安官面前為她說明；然而，這樣一件微不足道的效勞，卻注定是我永遠無法實現的。與此同時，她為我所做的事，也遠遠超出我能夠回報給她的，事情始末如下：一個晚上，我們正緩慢地步行通過牛津街，經過一天的不適，我感到比平時更加的不舒服和暈眩，我因此請求她和我一起掉頭走回蘇活區去。我們來到了蘇活區，坐在一棟房子的台階上，一直到此時此刻，我經過這棟房子前，仍舊會為這位不幸的女孩感到極度的哀傷，並且在內心向她的靈魂表示由衷的敬意，以紀念她曾在這裡做出的崇高行為。就在我們坐在台階上之時，突然間，我的身體狀況開始加速惡化。我一直把頭靠在她的懷裡，剎那間，就從她的懷中滑落，接著便臥倒在台階上。從我當時僅存的知覺，我感覺到我的內心已經非常清楚地知道，假使沒有一些強而有力的、讓我恢復知覺的刺激物的話，我想我應該會死於當下，或者至少已經陷入一種精疲力盡的狀態，而當時我是處在如此孤苦無依的情況下，即使有幸回復知覺，相信很快又會再度陷入絕望的狀態中。就在此時，在這個決定我命運的關鍵時刻，我那位可憐的、同樣是無依無靠的伙伴——她自身也在這個世界上受過不少的傷害——對我伸出了援手。她發出一聲驚恐的叫聲，卻沒有片刻的遲疑，一頭衝進了牛津街，在比我所能想像更短的時間內，回到我的身邊，帶回一杯摻了香料的葡萄酒。這杯葡萄酒在我空無一物的胃裡發揮了作用（在當時，我的空腹應該無法接受任何固態的食物），瞬間產生了一股讓我恢復知覺的力量；而且，為了這杯葡萄酒，這位慷慨的女孩毫無怨言地花光了她可憐的皮包裡僅剩的一點錢——這份情，我一輩子都不會忘記！——在當時，她幾乎已經沒有錢購買最低限度的生活必需品，而且她也沒有任何理由期待我有能力償還她這些費用。喔，我這位年少的恩人啊！在接下來的數年時間裡，我不知有多少次站在人跡罕至的地方，帶著哀傷的心情，以及全心全意的愛，在思念著妳，不知有多少次，我衷心期盼著，若能像在古代一般，父親的詛咒據說擁有一種超自然的力量，以一種不達目的絕不罷休的命運必然性，來追求它的目標；同樣地，一顆因為感激而苦惱不已的心所給出的祝福，或許也具有類似的特性，可能具有某種上天賜予的力量，可以在倫敦妓院的陰沈黑暗之中，或者（假使有可能的話）在墓穴的陰沈黑暗之中，追尋妳的蹤跡，縈繞糾纏著妳，埋伏等待攔截妳，追上妳的腳步，並且在那裡喚醒妳，為妳捎來真實的神的旨意，那是平和與寬恕，也是與神的最終復合！

我並不經常哭泣：不僅是因為我每一天，喔，不，每一個小時，都對跟人類首要利益的相關事物不斷地深入思考，可下探至一千英尋[27]的深度，那已經是「深至無淚可流的境界」[28]；不僅是因為我嚴謹的思考習慣，對那些容易引人落淚的情感產生了一種抗拒的作用——相對地，那些通常由於輕浮草率的態度而避免讓自己陷於沈思悲哀中的人們，必然也會因為相同的輕浮草率的態度，在任何一種偶然碰觸到這類情感的情況下，變得無能為力去抗拒它；還有一點原因，是因為我相信任何一個如同我一般，曾經非常深刻地思考過這些相關主題的人，他們為了保護自己的心智免於陷入徹底的沮喪，必然從很早的時期開始，便鼓勵自己撫育一種平靜的信念，對未來的穩定平衡，以及關於人類苦難的各種艱澀難解的意義做出應對。考慮至此，我在此刻感到無比歡欣，而且，就如同我剛剛說過的，我並不經常哭泣。然而，仍有某些情感，縱使並非更深沈或者更激烈，但卻比其他的情感更加善感易動；而且，很多時候，當我在現在這樣的時間漫步於牛津街那猶如夢境般的街燈下，並且聽到多年前撫慰了我和親愛的同伴（我必須總是如此稱呼她）的手搖風琴演奏的樂聲，我會流下眼淚，並且暗自思忖是什麼樣的神秘不可解的天意，竟如此唐突且苛刻地將我倆永永遠遠地拆散開來。當時究竟發生了什麼事，我想讀者可以從這篇初步自白的後續中獲得答案。

就在我記錄的最後事件發生不久之後，我在艾爾伯馬爾街（Albemarle-street）上遇見一位曾經在先王陛下[29]的宮廷裡服侍過的紳士。這位紳士曾經在多次不同的場合裡接受過我家族的殷勤款待。由於我的家族長相神似，因此他上前來詢問我為何流落至此。我毫不隱瞞地向他解釋：我率直地回答他所有問題，而且，他以名譽發誓，絕對不會把我的消息洩漏給我的監護人，於是，我將那位律師朋友的住址給了他。隔天，我從那位紳士那裡收到一張十英鎊的紙幣。這封附上了鈔票的信件，是與律師的其他商務信件一起寄達的，雖然他的表情和態度告訴我，他懷疑這裡頭到底是什麼東西，但是他還是非常誠實且毫

27 譯註：英尋（fathom），水深量度單位，一英尋為六英尺，約一．八公尺。

28 譯註：引述自華茲華斯《永生頌》（*Ode: Intimations of Immortality from Recollections of Early Childhood*）結尾的一句。

29 譯註：指喬治三世（George III，George William Frederick，一七三八—一八二〇）。

不猶豫地，將此一信件遞交給我。

這一份禮物，我打算將它使用在一個特殊的用途上，因此，我自然得說明當初吸引我來到倫敦的目的，以及我從抵達倫敦的第一天開始，直到我離開的最後一天為止，始終**乞求**（若用法庭用語來說）之事。

像倫敦這樣一個巨大、非比尋常的世界裡，我的讀者一定會感到非常驚訝，我居然沒有找出一些可以讓我從飢苦貧困的悲慘窘境中逃離的方法；而且，我的讀者會感到更訝異的是，至少有兩種資源是我可以輕易獲得的——換言之，我可以從我的家族友人那裡尋求援助，或者善用我年輕的天賦才能與學識造詣，將其轉化成一些供自己獲取金錢報酬的管道。就前一種方法而言，我大致可以觀察到的是，在所有壞處中，我最害怕的就是被我的監護人帶回去的可能性；不要懷疑，無論法律賦予了他們什麼樣的權力，他們勢必會對我施加最大的強制力；也就是說，強行將我帶回我已經離開的學校，強迫我復學：即使是心甘情願服從他們的指示，這在我眼裡看來就是一種恥辱，他們藐視且罔顧我自身的意願和努力，強迫我回學校復學，這對我而言無疑是一種比死亡還要更糟糕的羞辱，而且，最後的確很有可能是以死亡來為整件事劃下句點。因此，即使是在我非常肯定可以獲得援助的地方，我依然羞於向他們尋求協助，因為他們可能會向我的監護人提供任何線索，而我就得冒著被尋獲的風險。然而，特別是在倫敦這個地方，雖然我的父親生前在此地肯定有著許多朋友，但是（在他過世之後，也已過了十年的時間）我卻對他們毫無記憶，甚至能夠想起的名字也寥寥無幾；而且，我在之前從未到訪過倫敦，除了一次僅僅停留了數個小時的時間之外，因此，即使想起少數幾個人的名字，我也不知道他們的住所為何。因此，就這樣一種尋求協助的模式而言，部分是因為有實行上的困難，但最主要的原因還是我剛剛提過的，已經是習慣性地讓我感到嫌惡的恐懼感。至於另一種尋求協助的模式，我現在感覺自己有一半已經傾向和諸位讀者一樣，懷疑自己為什麼忽略掉這種可能性。毫無疑問地，我若能從事希臘語的校訂工作（倘若沒有其他可能性）的話，我或許已經賺取足夠的經費來應付我微薄的日常所需。諸如此類的工作任務，我可以非常精準且循規蹈矩地完成它，我很快就可以獲得我的雇主信賴。但是，千萬不能忘記的是，為了獲得這類的工作任務，我必須先有一些體面正派的出版商為我撰寫推薦函，但我卻苦無任何管道來獲得這類推薦。然而，老實說，這種文筆寫作的工作竟也可以成為一種賺錢方式，這種想法從來不曾在我的腦海裡出現過。除了用我將來即將擁有的權利與遺產作為擔保去借錢之外，我想不出還有什麼可以足夠快速獲得金錢的方式。我絞盡腦汁，用盡各種途徑，為的都是透過這種模式來獲取金錢；而在其他人之中，有一位讓我抵押借債的猶太人，他的名字叫做D（戴爾）[30]。

無論是這位猶太人，還是其他在廣告上刊登的放債人（我相信他們當中有一些也是猶太人），我都會拿著自己的遺產帳目去拜訪他們；他們可以在博士院[31]調查我父親的遺囑，證明是正確的。遺囑上面記載了□□□（湯瑪士・昆西）的次男，確實擁有我提到的所有（或者比我提到的更多）權利；但是，還有一個問題，從那些猶太人的臉上，可以相當清楚地看出他們的懷疑——**我**真的是遺囑上記載的那個人嗎？我從來不曾想過自己有一天會面臨這樣的質疑；但是，每當我的猶太人朋友用銳利的眼光審視我之時，我反而比較害怕的是，我可能很快就會被辨識出是遺囑上記載的那個人，而他們可能正在心中盤算著

30 順帶一提，大約在十八個月之後，我再次向同一個猶太人提出相同的抵押借債申請；而且，因為在當時，這是來自一所體面大學的委託，我很幸運地得到他對我提案的認真關注。我對於金錢方面的需求，並非源自於任何奢侈放縱或是年少的草率輕浮（我的習慣以及快樂的本質，使我遠遠超脫於這些事物之上），而僅僅是出於對我的監護人的報復性惡意罷了，當他發現已經無法阻止我進入大學就讀之時，他拒絕簽署一份允許我求學時期可以支付我超出零用金金額的文件——亦即，每年一百英鎊，來作為他的良善本性的告別象徵。在我的時代，要仰賴這樣一筆金額在大學裡生活，幾乎是一件不可能的事；而且，對於一個儘管試圖輕描淡寫表現自己對金錢的無視，也沒有任何昂貴品味，但儘管如此仍非常仰賴傭僕照護，又不喜歡在瑣碎節約上精打細算的人來說，也是一件不可能的事。因此，不久之後，我便開始感到窘迫不安，最後，在與這個猶太人進行了一場最為艱鉅的談判之後（倘若我有時間複述這場談判的話，其中有些部分或許會逗得我的讀者開心大笑），我終於獲得我所要求的金額，並且根據「正規」的契約條件，每年支付給這個猶太人借貸總額百分之十七點五的利息；在這個猶太人方面，他根據一位律師所擬的帳單（關於提供什麼樣的服務，向誰提供的服務，以及何時提供的服務——無論是圍攻耶路撒冷之時，或是建造第二神殿之時，亦或是在一些更早期的情況下——我至今仍無法悟透理解），慷慨地取回上述金額中僅僅約九十基尼左右。這份契約究竟網羅涵蓋到什麼樣的程度，我已經記不得了；但是，我依然將其保存在一個收藏了自然奇物珍品的裝飾櫃裡，我相信有一天我會將它展示在大英博物館裡。

31 譯註：博士院（Doctors's Commons），舊時教會法院與海事法院及在這些法院執業的羅馬法與教會法律師公會的所在地。至一八五七年為止，此處乃是處理遺囑檢證、婚姻許可、離婚事務等等的地方。

詭計，如何誘拐我，並且將我出賣給我的監護人。對我而言，發現一個可以**在實體上**（materialiter）被認定的我自己（如同我曾經表示過的，我對於這種在邏輯上可以清楚區分的精確性有相當的偏好），卻被指控或者至少是被懷疑我**在形式上**（formaliter）假冒了我自己，是一件非常奇怪的事情。然而，為了解消他們的疑慮，我只能行使我力所能及的唯一方式。當我人還在威爾斯的時候，我曾經從當時結交的一些年輕朋友那裡接收到各式各樣的信件，因為我總是習慣性地將這些信件放進我的口袋裡——事實上，這些信件幾乎就是我此時僅存的個人資產（除了我身上穿的衣服之外），尚未以某種方式處置或者變賣掉。這些信件大多數都是從□□□〔阿爾塔蒙特（Altamont）〕伯爵那裡捎來，他在當時是我最重要的（或者說是唯一的）親密友人。這些信件上的郵戳載明了是從伊頓寄來的。我也有一些出自他的父親□□□〔斯萊戈（Sligo）〕侯爵之手的書信，他雖然熱衷於農藝研究，但畢竟也曾是伊頓學院的學生，身為貴族該有的學識涵養，他絲毫不缺，依然對古典學研究保有情感，並且不吝對年輕學者付出他的熱情。因此，從我十五歲開始，他便經常與我有書信上的往來；有時候是告訴我他在我當時曾經拜訪過的M〔梅奧〕郡或者Sl〔斯萊戈〕郡中所做的、或者正在籌劃中的重大改善計畫，有時候是與我談論關於拉丁詩人的優點與長處，此外，還有一些時候，是給我一些忠告，建議一些他希望我寫的詩的主題。

閱讀了這些書信之後，我的一位猶太人朋友答應我，假使我可以說服年輕的伯爵——順帶一提，他的年紀並不比我大——在我們成年時，保證一定會歸還借款的話，他可以為我提供兩百或三百英鎊的個人擔保；現在想一想，當時這個猶太人的最終目的，並非在於從我身上賺取那微不足道的利潤，而是期待藉此與我的貴族友人攀交情，建立關係，他非常清楚知道我的這位貴族友人未來將會繼承非常龐大的遺產。為了執行猶太人這邊交付的提案，我在收到了十英鎊的鈔票大約八或九天之後，便準備動身前往伊頓。這當中大約有三英鎊左右，我給了那個放債人的朋友，因為他聲稱在我離開倫敦的這段期間，他必須使用這筆錢來購買印花郵票，以準備各式各樣的書面文件。我心裡認為他說的其實是謊話；但是，我不希望給他任何藉口，來指控是我的原因造成了他的延誤。還有一小筆的金錢，我給了我的律師朋友（他是那些放債人的律師，他們之間都有往來聯繫），因為他讓我在那棟不附任何家具設備的房子裡借宿了一段時間，因此他的確有收受這筆金錢的資格。還有大約十五先令左右，我使用來重整（雖然是以一種非常簡陋的方式）我的衣著。剩下來的錢，我將四分之一給了安，跟她說在我返回倫敦之後，不管口袋裡剩下多少錢，我會再與她分享。做了上述這些安排處置之後，一個昏暗的冬夜裡，在晚間六點鐘過後沒多久，我便在安的陪同之下，速速動身前往市區的皮卡迪利大街（Piccadilly）；因為我打算搭乘前往巴斯（Bath）或者布里斯托（Bristol）的郵政馬車，盡可能南下抵達索爾特希爾（Salt-hill）。我們二人行走的路線貫穿了倫敦市區的一部分，然而這一部分在今日全已消失不見，因此我再也無法追溯它以前的範圍：我想這條街的名字確實是叫斯瓦洛街（Swallow-street）。但是，距離馬車出發還有相當充分的時間，因此我們往左轉繼續前行，直到進入黃金廣場（Golden-square）；我們在那裡坐了下來，在比較靠近謝拉德街（Sherrard-street）的角落裡，不想在皮卡迪利大街的燈火輝煌與喧囂紛亂之中與彼此告別。我曾經在稍早之前告訴她我的計畫，現在，我再一次向她保證，倘若我遇上了任何好運，我肯定會與她一同分享，而且，一旦我有足夠的能力保護她，我也絕對不會背棄她。我是全心全意打算這麼做，無論是出於一時的情緒，還是基於一種責任感；因為無論如何，她都毫無疑問是我的救命恩人，撇開對她的感激之情不說，我是如此情深意切地愛著她，彷彿她就是我的親姊妹一般；而且，特別是在此刻，我帶著憐憫目睹她正陷入極度的情緒沮喪之中，對她的溫柔憐愛更是提升了七倍之多。表面上看來，我才是最有理由感到情緒沮喪的人，因為我正要從我的救命恩人身邊離開；然而，考慮到這樣的衝擊可能會危害我的健康，我在此時是滿心歡喜且充滿希望的。相對地，安卻是一副不勝唏噓悲痛的模樣，即使此刻與她分別的是一個除了親切體貼以及如同兄弟一般之外、幾乎毫無能力為她做些什麼的人；因此，當我親吻她作為我們最後的告別之時，她將手臂環繞在我的頸上，不發任何一語，無聲地啜泣。我希望最多不用一週的時間便可以歸來，而且我與她約定好，從今天開始的第五個夜晚起，以及之後的每一個夜晚，她都會在傍晚六時左右於接近大蒂奇菲爾德街（Great

Titchfield-street）的街底等我，那裡可以說是我們約定會合時再習慣不過的避風港，可以防止我們在浩瀚無邊的、宛如地中海般的牛津街之中，錯失彼此。我採取了種種的預防措施；僅有一個卻被我遺忘。若不是她從未告訴我，就是（事實上我也沒有太大的興趣）我已經忘記了她的姓是什麼。的確，像她這般身處不幸、身份卑微的女孩，一般而言並不會（像那些因為閱讀小說而自詡甚高的女性）稱呼自己為**道格拉斯小姐**、**蒙田小姐**等等，而是僅僅使用她們的教名**瑪麗**、**珍**、**法蘭西絲**等等，來稱呼自己。如今想起，我當初應該詢問她的姓氏，這才是在日後找尋她的芳蹤最確實可靠的方式；但是，老實說，在當時我並沒有任何理由認為，因為這樣一個短暫別離的緣故，我們的再度重逢，竟會比過去幾週要來得更加困難或不確定，我幾乎沒有一時片刻注意到有此需要，或想到在我的便籤記下離別時必須詢問她的姓氏；我最後的焦慮與不安，全都耗費在用各種希望的言語來撫慰她，並且苦勸她一定要去拿一些藥，來治療讓她飽受折磨、劇烈的咳嗽，以及喉嚨的嘶啞，我完全忘了要詢問她姓氏這件事，直到現在回想起來，卻為時已晚。

當我抵達格洛斯特（Gloucester）咖啡館之時，時間已經超過八點鐘，開往布里斯托的郵政馬車在這裡出發，我登上了馬車，坐進車頂的座位。這輛郵政馬車流暢緩慢的移動[32]，很快地便讓我進入了夢鄉：多少有些令人驚訝的是，在這數個月的期間裡，我第一次享受到舒適安逸且令人神清氣爽的睡眠，竟是在一輛郵政馬車的車頂座位上——這在今日的我看來根本就是一張極不舒適的床鋪。與這一次睡眠相關的，還有一段小插曲，這就和當時發生的其他上百個偶發事件一般，使我更加確信，一個人若沒有身處過任何危急的困境，也許很可能在不瞭解、或至少不曾親身體驗人類心靈具有的任何一種可能的良善——或者我必須嘆口氣，附帶地說關於其可能的卑鄙——這樣的情況下，輕易地度過他的一生。覆蓋在人類**本性**的外在特徵與表現上的**禮儀**帷幕，是如此地厚重緊實，以致於對於一般的觀察者來說，善與惡的兩種極端，以及它們之

32 布里斯托郵政馬車，是全英國整備最完善的郵政馬車，因為它具有雙重的優勢，其一為相當罕見的、鋪設狀況良好的道路，其二是會利用布里斯托商人的捐款來支付一些額外的費用。

間可以無限變化的廣大領域，全都被混淆在一起；它們彼此搭配而成的數個和聲所展現出來的廣大且多樣的音域，縮減成只能用基本音的音階或者字母來表現的、貧瘠匱乏的差異輪廓而已。這段小插曲是這樣發生的：從倫敦出發的最初四英里或五英里處，由於馬車突然的傾斜搖晃，使得入睡的我不時倒向我在車頂座位旁的乘客，因而惹惱了他：而且，事實上，若非行走的道路如此平整穩定，我想我早已因為身體虛弱而跌落馬車。他大肆抱怨我帶給他的麻煩，或許大多數的人在相同情況下，也會這麼做；然而，他表達抱怨的方式，卻似乎比在這樣的場合中所能容許的抱怨，還要來得激烈誇張，而且，假使我在當時就與他道別離開的話，我可能就此認定他（假使我認為他是一個值得我考量的對象的話）只是一個脾氣暴躁且近乎冷酷無情的傢伙。然而，我也意識到我給了他一些抱怨的理由，因此，我向他道歉，並且向他保證我在接下來的旅途中會盡可能避免入睡；而且，在同時，我用盡可能簡短的話語，來向他解釋我的健康狀況不佳，並且因為長期的病痛而呈現相當虛弱的狀態，且我在當時並沒有足夠的金錢可以讓我坐在車廂內的座位上。在聽了我的解釋之後，這個男人的舉止態度瞬間做了改變；當我下一次由於豪恩斯洛（Hounslow）的喧囂與燈火而短暫清醒過來之時（儘管我希望且努力堅持不要睡著，但是在我和他說完話的兩分鐘之內，我又再度陷入沈睡），我發現他用臂彎環繞著我，保護我不讓我跌落馬車，並且在我接下來的旅途中，都以一種女性的溫柔對待我，因此，到最後，我幾乎是躺在他的臂彎裡；而且，他可能並不知道我不會搭乘這輛馬車直到巴斯或者布里斯托的終點站，因此他能如此親切待我，實在是相當溫柔體貼的人。很不幸地，我**的確**是坐過頭了，沒有在我預計的地點下車，因為我享受了如此柔和且清新的睡眠，以致於在郵政馬車離開豪恩斯洛之後，我下一次完全清醒的時間是在馬車伕突然拉緊韁繩（或許是已經抵達郵局）之時，在詢問之下，我才發現我們已經抵達梅登黑德（Maidenhead）——我想，大概距離索爾特希爾六或七英里。我在這裡下車，就在馬車停下來的半分鐘時間裡，我友善的同伴（從我在皮卡迪利大街短暫對他一瞥看來，他似乎是服侍某位紳士的僕役長，或者是類似這種等級的人）懇求我立即上床睡覺，不做任何拖延。我答應他我會盡量，雖然我並不打算這麼做；事實上，我一轉身便立即步行出發，或者應該說，立即走回頭去。那時，應該是已經接近午夜，但是我的步伐如此緩慢，以致於在我沿著車道從斯勞（Slough）走回伊頓之前，我已經聽見一棟農舍的時鐘敲響了四點鐘的鐘聲。清新的空氣以及舒適的睡眠使我感到神清氣爽；然而，儘管如此，我還是感到相當疲倦。這時，我回想起曾有過一個想法（非常地淺顯易懂，而且有一位羅馬詩人[33]已經非常文雅貼切地表述過這樣的想法），在我窮困貧乏的日子裡，曾為我帶來了些許的慰藉。稍早之前，在豪恩斯洛荒地或者那附近發生了一起謀殺案。我想沒記錯的話，那名死者的名字叫做**史迪勒**（Steele），他是那一帶種植薰衣草的農莊主人。我每往前踏進一步，就讓我越接近那片荒地，於是，我也自然而然產生了一個想法，亦即，我與那個被指控的謀殺犯（假使他在那個夜晚也隻身在外的話）會穿過這一片黑暗，在每時每刻不知不覺地接近彼此；我說，在這樣的情況下，若假裝自己並不是（實際上我的確是）一個無家可歸的流浪漢——

吾雖為學識之領主，卻無領土傍身[34]——

而是如同我的領主朋友〔阿爾塔蒙特伯爵〕一般，是一個公認的法定繼承人，每年約可獲得七萬英鎊的收入的話，此刻的我是否早已身首異處，一想到此，令人不寒而慄！的確，我的領主朋友不太可能處於我現在這樣的情境。然而，儘管如此，莫大的權力與財富會使人可恥地害怕死去，這句話的精髓依然真實可信；而且我相當確信，即使是世上最英勇無懼的冒險家，他們很幸運地因為貧窮而充分利用他們與生俱來的勇氣，假使在他們即將展開行動的當下，意外獲知將在英國繼承一筆年收入約五萬英鎊遺產的消息的話，他們之中的許多人應該會開始對槍林彈雨感到相當激烈的厭惡[35]，並且對他們試圖完美表現

33 編註：指尤維納利斯（Juvenal，古羅馬諷刺詩人）的詩句：「口袋空空如也的旅人，會對搶劫者歌唱」（The traveller with empty pockets will sing in the face of the robber——*Satires*, X.22）

34 譯註：「Lord of **my learning** and no land beside」，引用自莎士比亞《約翰王》（*King John*）第一幕第一景第一三七行的諷刺詩文，原句為：Lord of **the presence** and no land beside。

35 很多人或許會反對這樣的觀點，因為不論是在我們的時代裡，或是在我們的整個歷史中，始終

出泰然自若以及冷靜沈著模樣的努力，感到相當程度的困難。這是真的，我們用一位智者的話來說，他自身的經驗使其獲知這兩種全然不同的命運，財富比較適合在——

> 使德行鬆懈，並且削弱它銳利的一面，
> 而非在誘導德行做出值得讚賞之事。
>
> ——《復樂園》36

我想要表達的主題遲遲無法往前推進，因為對我而言，回憶那些過往時光是極為生動有趣的。但是，我的讀者應該不會再有任何藉口抱怨，因為我現在就要趕緊結束這個話題。在從斯勞到伊頓之間的路途上，我睡著了，就在天色開始破曉之際，我被一個男人的聲音喚醒，他站在我面前，從上方俯視著我。我不知道他是何方神聖：他是一個相貌醜陋的傢伙，但並不因此必然是一個壞心眼的傢伙；或者，假使他有壞心眼的話，我想他應該不至於認為一個冬夜裡睡在郊外的人，會有什麼值得搶奪之物。然而，不管結論如何，因為這關乎的是我自己，因此，即使他可能是我的讀者之一，我還是向他保證他認錯了人。他簡短地說了一兩句話之後，便轉身離開；我對他將我吵醒一事並不感到困擾，因為如此一來，我可以在大部分人起床出門之前通過伊頓。夜晚濕氣很重，彷彿就要下雨一般，但是，快到清晨之時，濕氣轉化成一片輕微的薄霧：地面與樹枝如今都覆蓋上一層薄薄的白霜。我在未受任何人注意的情況下快速通過伊頓；我在溫莎（Windsor）的一間小酒館裡給自己梳洗一番，盡可能地調整我身上的衣裝；並且大約在上午八時左右，動身前往波茨（Pote's）書店。在路上，我遇到了一些年少的男孩，向他們詢問了一些事情。伊頓學院的學生

有一些身居高位及擁有最多財富的人，率先趕赴戰場而身陷危險之中。這是事實；但是，這並非我所假定的情況，這種情況是：長期對權力的熟悉掌控，會使得他們對權力的影響力和吸引力變得遲鈍麻木。

36 譯註：引述自米爾頓的敘事詩《復樂園》（*Faradise Regained*）第二卷第四五五—四五六行。《復樂園》與他之前的著作《失樂園》有著相同的理論主題，緊密相關。

始終是彬彬有禮的紳士；而且，儘管我衣衫襤褸，他們還是非常有禮貌地回答了我的問題。我的領主朋友〔阿爾塔蒙特伯爵〕已經去□□□〔劍橋〕上大學了。「**他的所有辛勞全都付諸水流！**」（*Ibi omnis effuses labor!*）但是，我在伊頓還有其他朋友；但是，他們並不是所有人都肩負一個代表著成功富足的稱號，使他們願意為有難的朋友兩肋插刀。但是，在冷靜下來仔細考慮過後，我詢問了D〔狄佘特（Desert）〕伯爵的消息，（雖然我與他的相識程度，並非如同和其他友人一般親密），無論在什麼樣的情況下，我想都不應該躊躇遲疑而放棄向他求助的機會。他依然住在伊頓，雖然我相信他前往劍橋的日子亦不遠矣。我前去拜訪他，受到他親切友善的接待，並且招待我與他共用早餐。

至此，請容我稍停片刻，讓我確認一下我的讀者是否有任何錯誤的結論。因為我偶然有機會提到許多不同的貴族朋友，讀者一定認為我本身也是出身上流階級，並且擁有尊貴的貴族血統。感謝上帝，這些我都沒有。我是一個平凡的英格蘭商人的兒子，我的父親終其一生都因他的正直清廉而備受敬重，並且強烈熱衷於文藝方面的追求（事實上，他本身也曾經匿名出版過一本書籍）。

假使他還活著的話，可以預期他將會擁有非常龐大的財富；但是，他很早便過世，在七名遺族之間僅留下了不超過三萬英鎊的財產。我的母親，她比我的父親擁有更高的天賦，這句話確實所言不假；因為雖然她本人並不以一個**文藝**女性之名及榮譽自居，但我應該可以自行稱呼她為一個**知性的**女性（許多文藝女性本身並非如此）；而且，我相信假使她的書信被收集成冊且出版的話，一般人大概會認為這些書信展示出一種強而有力且陽剛的感覺，以一種如同我們所使用的語言一般純粹的「英文母語」書寫而成，透過優雅的慣用語句營造出一種新奇且獨特的風味——一點也不輸瑪麗·沃特利·孟塔谷夫人（Lady M. W. Montague）[37]的書信。這些是我引以為傲的優良血統，此外別無其他；而且，我衷心地感謝上帝讓我除此之外別無其他，因為，在我看來，一種過於明顯地

37 編註：瑪麗·沃特利·孟塔谷夫人（Lady M. W. Montague，一六八九—一七六二），英國貴族、作家和詩人。其夫愛德華·沃特利·孟塔谷（Sir Edward Wortley Montagu）是英國駐鄂圖曼帝國的大使，她在一七一六至一七一八年隨夫至鄂圖曼帝國出使期間，將沿途旅行見聞寫成的書信出版而知名。

將人抬昇至遠遠超過他一般同胞層級之上的身份與地位，無論對於道德或是智識的品質而言，都不是最有幫助的。

D〔狄佘特〕伯爵擺置在我面前的，是一份最精緻豪華的早餐。真的是如此；但是，在我眼裡看來，這似乎有著實際的三倍以上的豪華感，因為這是我在過去數個月以來第一次感到心滿意足地享用的正式餐點，是我這數個月來的第一份「中規中矩的一餐」[38]。但是，說來奇怪，面對這豪華饗宴，我卻幾乎吃不下任何東西。在我第一次收到我的十英鎊紙幣的那一天，我去了麵包店買了一些麵包捲；在之前的兩個月或者六週之前，我曾經帶著非常激切的渴望遠眺這家店，現在回想起來不禁感到相當羞愧，無地自容。我還記得關於劇作家奧特維[39]的故事，並且非常害怕如果自己過於急促地吃喝，可能會導致危險。然而，事實上我根本無需擔心；我很快就沒了胃口，而且在我吃自己買來的食物不到一半之前，我便開始感到非常難受，噁心作嘔。數週以來，每當我吃喝一些類似餐點的東西，總會感受到這種由於飲食所引發的副作用；或者，即使並不感到噁心作嘔，我的身體還是會排拒部分已經吃下的食物，將它們全都嘔吐出來，有時候是帶著一些酸味，有時候即使感覺不到酸味，也會立即將它們嘔吐出來。現在，在D〔狄佘特〕伯爵的餐桌上，我發現我的狀況完全沒有比平常好一些，而且面對此一奢華饗宴，我居然毫無胃口。但是，很不幸的是，我自始至終都對葡萄酒有著非常強烈的渴望；因此，我向D〔狄佘特〕伯爵解釋我的處境，並且向他簡短說明我近日來所受的折磨，他對此寄予非常高度的同情，並且要人取來葡萄酒。葡萄酒可以讓我獲得暫時的舒緩，並且享受片刻的歡愉；而且，無論何時，只要有機會的話，我一定會點葡萄酒來喝，我在當時對於葡萄酒的崇拜程度，一如我之後對於鴉片的崇拜程度。但是，我現在非常確信，當時沈溺於葡萄酒中的習慣，使得我的慢性疾病迅速加劇，因為我的胃的狀況很明顯開始惡化，倘若有比較健全的養生療法的話，我的胃或許可以

38 譯註：引述自莎士比亞喜劇《皆大歡喜》（*As You Like It*）第二幕第七景第一一五行的語句。

39 譯註：湯瑪斯．奧特維（Thomas Otway，一六五二—一六八五年），英國劇作家，為了逃避討債者而躲在旅館裡，但因忍受不了飢餓，用一位未曾謀面的紳士那裡獲得的金錢購買了一個麵包捲，狼吞虎嚥之下，因麵包塞住咽喉，窒息而死。

比較迅速地、或許更有效地復原。我希望並不是因為這種對於葡萄酒的熱愛，才使得我流連徘徊在我的伊頓友人身邊；我相信**當時**的我是因為不情願向D〔狄佘特〕伯爵開口，請求他為我提供迫使我專程前來伊頓尋求的特殊幫助，因為我意識到我並沒有充分的資格提出這樣的要求。然而，我實在不願意讓我這一趟旅程付諸水流，因此，我還是向D〔狄佘特〕伯爵提出了我的請求。他的本性極為善良，而且，根據我自己的推測，或許是因為他對我的情況感到同情，並且也熟知我與他的一些親戚有著親密的關係[40]，而沒有對我提出這般直接的要求做出過於嚴苛的質疑，儘管如此，他還是支支吾吾地回拒了我的請求。他向我坦承他並不願意與放債人有任何交易往來的關係，並且擔心這類的交易可能會傳入他親戚的耳中。此外，他也懷疑**他的**署名，對我那些非基督教徒的朋友來說是否毫無用處，因為他所繼承的遺產事實上遠遠不及□□□〔阿爾塔蒙特伯爵〕所繼承的多。然而，他似乎並不希望我因為受到這般斷然的回拒而感到羞愧；因此，經過一番考慮之後，他答應我可以在他指定的某些條件下，擔任我的保證人。在當時，D〔狄佘特〕伯爵還未滿十八歲；然而，每當我回想起，在當時那樣的情況下，他依然可以維持審慎小心的態度，做出合乎理智的判斷，並且同時展現出溫文儒雅的高貴舉止（一種在他身上蘊含著的、帶著年輕人特有的誠摯與仁慈的高雅舉止），我不禁懷疑，有哪一位政治家——即便是最老練且最具外交手腕的政治家——可以在相同的情況下，表現得如他一般精鍊與傑出。的確，我想大多數的人會用一張如同薩拉森人（Saracen）[41]的臉一般嚴肅且險惡不祥的臉孔審視你，因為若非如此，他們大概不知道應該如何處理與面對這樣的難題。

這個承諾撫慰了我的不安，縱使並不是最好的結果，卻已經遠遠超過我所能想像的最糟糕情況，於是，在我離開倫敦三天之後，我再度搭上開往溫莎的馬車返回倫敦。現在，我的故事已經接近尾聲。猶太人並不認可D〔狄奈特〕

40 編註：狄奈特伯爵和阿爾塔蒙特伯爵是堂（或表）兄弟。

41 編註：中世紀信仰基督教的歐洲人會以薩拉森人（Saracen）來籠統地泛稱伊斯蘭教徒，特別是在十字軍東征之後。但大航海時代後，此詞逐漸過時。

伯爵開出的條件；至於他們最後是否接受了這些條件，或者只是需要更多的時間來進行借貸調查，我便不得而知；但是，我的借貸計畫延宕多時，日子一天一天飛逝，我身上僅存的少量紙幣，如同泡沫一般迅速消失殆盡，在此一借貸計畫得出任何結論之前，我已經再度身陷之前那種悲慘潦倒的狀態。然而，就在這樣一場危機中，突然間，幾乎是偶然的，我與友人[42]之間的和解為我開啟了一條新的道路；我匆忙地離開倫敦，來到了英格蘭的一處偏遠地區；經過一段時間之後，我便開始進入大學就讀，一直要到好幾個月過後，我才有機會靠自己的力量重遊舊地，那裡對我來說是多麼地饒富趣味，而且一直到今日，依舊是我受苦受難的青春歲月裡最重要的一幕場景。

在這一段期間裡，可憐的安有了什麼樣的遭遇？無論如何，我都要將最後這一段結語保留給她：我謹守與她的約定，只要是我還停留在倫敦的期間，白天我會四處探尋她的蹤跡，並且在每一個夜晚於蒂奇菲爾德街的街角等待她的出現。我向每一個或許有可能認識她的人詢問她的消息，並且在我停留倫敦的最後數個小時期間，就自己對倫敦的認識與所知，以及在我有限的能力範圍內，用盡各種方法，試圖找尋她的蹤跡。我知道她曾經投宿在哪一條街道上，但是不清楚是哪一棟房子；最後，我終於想起她曾經對我描述過她的房東待她相當刻薄，這很可能是導致她在我們分手之後搬離這些寄宿公寓的原因。她幾乎沒有什麼相識的熟人；不僅如此，大多數的人都認為我這麼認真地探詢她的消息，大概是出於一些會引他們發笑或者招致他們輕蔑的不純動機；還有一些人認為，我在追捕一個搶奪了我一些微不足道的小東西後逃逸的女孩，因此，他們自然且情有可原的不願提供任何關於她的線索給我，倘若他們真的有任何線索可以提供的話。最後，絕望之餘，我使出最後僅存的一個手段，在我離開倫敦的那一天，我把一個地址交給唯一一位（我非常肯定）見過安的人，因為她曾經跟我們在一起過一兩次，紙上是我家人當時在□□□（柴）郡□□□（小修道院）的住所。但是，一直到此時此刻，我仍舊不曾收過任何關於安的

42 譯註：「友人」，指的是作者的監護人。德昆西將自己在倫敦的住址告訴了居住在利物浦的友人貝斯特女士。一八〇四年一月，他透過貝斯特女士，寄給他的監護人霍爾先生一封和解信。

隻字片語。這大概是我輩子遭遇到的各種苦難之中，最沉重而難以承受的一件。假使她還活著的話，無疑地，我們必然會在某個偶然的時間裡，於同一時刻穿梭在倫敦這個巨大迷宮中，找尋彼此的蹤跡；我們或許甚至就在距離彼此數步之遙的地方——一道不比倫敦街道寬的屏障，卻往往導致了永遠分離的結果！在之後的數年期間，我曾經抱著她**依然還**活著的希望；而且，我想，倘若不是以修辭學的方式，而是依照其字面上的意思來使用**無數**這個詞的話，我或許可以這麼說，在我每一次拜訪倫敦的不同旅程裡，我瀏覽過難以數計的無數張女性臉孔，懷抱著再次與她相逢的希望。我想如果在看見她的瞬間，即使在千人之中，我還是可以再次認出她的面孔來；因為她雖然稱不上貌美如花，但她的臉上始終流露出甜美的表情，她頭部擺動的姿態也是相當獨特優雅。我剛剛說過，我懷抱著希望探詢她的蹤跡。在接下來的數年期間，我的確是抱持著這樣的心境在找尋她；然而，如今，我卻對與她重逢一事感到害怕；當我與她分別之際，她劇烈的咳嗽聲曾讓我感到難過，如今卻成了我的自我慰藉。我現在已經不再希望見到她；想到她可能早已躺在墓穴之中，反而讓我感到快活；

我希望她躺進的是某家妓女感化院的墓穴；我希望她在各種傷害與冷酷無情玷污且改變她天真無邪的純真本質之前，或者在流氓惡棍開始他們的野蠻暴行徹底地讓她墮落毀滅之前，被帶往另一個世界。

第二部

——出自一八二一年十月的《倫敦雜誌》（*London Magazine*）

於是，牛津街，妳這個鐵石心腸的繼母啊！妳傾聽孤兒們的嘆息聲，飲用孩子們的淚水，終於，我將解脫，從妳的街道上離開；這個時刻終於來臨，我不再需要在極度的痛苦之中，步行通過妳那永無止盡的排屋街道，也不再需要夢見自己被囚禁在飢餓的牢獄中，痛苦地醒來。無論是我或是安，在我們之後有太多的後繼者，他們或許從此踩在我們的足跡上，成為我們悲慘不幸的繼承人；除了安之外，還有其他許多的孤兒在這裡無助地嘆息；還有其他許多的孩子，臉頰上掛著淚痕；而妳，牛津街，肯定此後還是會讓無數心靈的呻吟聲，在妳的街道上發出悲傷的迴響。然而，對我來說，我所經歷且存活下來的這場暴風雨，似乎是換來我在往後的日子裡徜徉在晴朗無雲的好天氣裡的保證；年少時期的苦難，我已為此付出代價，那是我贖回往後數年時光的贖金，是我自此以後對悲傷得以長久免疫的代價；而且，倘若我有機會像一個孤獨、陷入沉思般的人（一如我之前經常做的），再次行走於倫敦的街頭上，我想我應該可以冷靜沉著地步行，內心充滿平靜。雖然我在倫敦修業期間所遭逢的苦難，的確已經如此根深柢固地深植在我的身體組織裡，以致於在往後的日子裡開始迅速滋長，並且再次繁茂旺盛，最後成長為一種有害的陰影，讓我近年的時光蒙上陰影且黯然失色，然而，面對這些苦難的第二波攻勢，卻有了一種比之前更堅毅且不屈不撓的精神，更成熟的機智才識，以及出自同情與共鳴的情感慰藉[1]——多麼地深沉與溫柔！

然而，也因為如此，無論獲得了什麼樣的情感慰藉，那些曾經是非常零散斷裂的歲月時光，如今卻因為一種源自共同根源的苦痛而被不可思議地連繫在一起。在此，我注意到了一個因為人類的慾望而短視近利、缺乏遠見的例子。那是在我第一次悲慘地窩居在倫敦的期間，每每在籠罩著朦朧月光的夜裡，我經常從牛津街上往下俯瞰每一條延續的街道，貫穿過馬里波恩[2]的中心，延伸至周邊的田野與森林，那曾經是我在情感上的一大慰藉（如果可以這麼認為的話）；我會說，**那**是我用雙眼，在這些部分徜徉於月光下、部分籠罩在陰影裡的遠方景致上漫遊的旅行，「**那**是通往北方的道路，因此，假使我擁有鴿子的雙翼，我會為了尋求慰藉而飛往那個方向。」當時的我就是這般盲目且無知地訴說且期望著。然而，即使是在那樣的北方區域，即使是在那樣的山谷中，喔，不，即使是那個我在錯誤的期盼下胡亂指定的房舍[3]裡，我的苦難再度降臨，也再一次威脅侵蝕我的生命與希望的碉堡。在那裡，多年以來，我一直蒙受著自己醜陋外觀的迫害，並且像是一個令人毛骨聳然的幽靈一般，總是糾纏出沒在奧瑞斯[4]的寢室裡。不，我才是那個比在睡夢中的奧瑞斯更悲慘不幸的人，因為對於所有人而言，睡眠是一種喘息和復原，尤其對於奧瑞斯而言，更是一種神聖潔淨[5]的香膏，用來撫慰他受傷的心靈以及他被鬼魂糾纏住的腦

---

1 譯註：這裡指的是從一八一五年與德昆西結婚的瑪格麗特（Margaret，舊姓為辛普森 Simpson）身上獲得的情感慰藉。

2 譯註：馬里波恩（Marylebone），倫敦中西部的地區，現為西敏市的一區。

3 譯註：一八〇九年，德昆西住進了英格蘭湖區的小村莊格拉斯米爾（Grasmere）位於山谷間的小屋，華茲華斯之前曾經於此地居住過。

4 譯註：奧瑞斯（Orestes），古希臘三大悲劇作家之一的歐里庇得斯（Euripides）同名作品《奧瑞斯》的主人公，希臘神話中阿伽門農之子。父親阿伽門農被母親克萊婷（Clytemnestra）夥同姦夫殺害之後，奧瑞斯為父親報仇，殺死親生母親，因而受到復仇女神的折磨懲罰。

5 「φίλον ὕπνου θέλγητρον, ἐπίκουρον νόσου〔心愛的睡眠時間啊，鎮定疾病的良藥〕」〔譯註：引述自歐里庇得斯《奧瑞斯》第二一一行。〕

袋，然而，對我來說，睡眠卻是我最痛苦的苦惱根源。因為如此，我的慾望是非常盲目的；假使在一個人的模糊視線與他在未來的災難不幸之間放上一層面紗，這一層面紗會遮蔽他的雙眼，使他對所有這些不幸的情感慰藉視而不見，而一種不曾令人恐懼害怕的悲傷，則會透過一種不曾受過期待的慰藉來獲得滿足。我彷彿一同分擔了奧瑞斯的苦惱（除了他那激動不安的良心譴責之外），因此也同樣分享了所有他的支持。我的復仇三女神（Eumenides），就如同他的一般，總是站在我的床角，透過窗簾緊緊盯著我；但是，坐在我的枕邊注視著我，或者在沉重的、難以入眠的夜晚，犧牲自己的睡眠陪伴我的，卻是我的伊烈翠[6]；因為妳，我摯愛的M（瑪格麗特）[7]，在我的晚年歲月裡陪伴我的親密伴侶，妳就是我的伊烈翠！而且，無論是多麼高貴的心靈，或者是長久以來飽受折磨的情感，都絕不會容許一個希臘人的姐姐在各方面凌駕一個英格蘭的妻子。因為妳沒有經過太多的思考，便屈尊自己以謙遜與善良之姿待我，並且用最溫柔的情感奉獻己身[8]來服侍照護我——在這多年期間，為我擦去前額上有凝健康的汗珠，或者在我因為高燒導致喉嚨乾渴且唇色焦黑之時，用水滋潤我的雙唇；甚至在妳自己平靜無虞的安睡，卻被我與那經常命令我「不准睡！」的幽靈與暗黑軍團之間的恐怖鬥爭驚醒之時，因為長久以來對我的同情與憐憫，而不受我的失態擾動——妳甚至從未說出一句怨言，或者發出任何一句不平之聲，妳甚至從未收回妳天使般的溫柔微笑，也從未縮減妳對愛情的服務奉獻，妳所付出的，比伊烈翠過去所做的還多。因為雖然她是一位希臘女性，同時也是萬人之上的國王[9]的女兒，但她有時還是會忍不住流下眼淚，並且用她的長袍衣袖來遮住臉[10]。

---

6 譯註：伊烈翠（Electra）：拯救了奧瑞斯的親生姐姐。

7 譯註：瑪格麗特，德昆西的妻子。

8 「ἡδὺ δούλευμα〔甜美的奴隸〕」：引述自歐里庇得斯《奧瑞斯》。

9 「ἄναξ ἀνδρών’ Αγαμέμνων〔萬人之王阿伽門農〕」。

10 「ὄμμα θεῖσ’ εἴσω πέπλων〔用衣袖遮住臉〕」。學者會知道，我這一整段所提到的是《奧瑞斯》最初開始的場景；即使是在希臘悲劇作家歐里庇得斯的劇作中也能展現家庭親情的最美麗場景之一。對於英國的讀者而言，或許有必要說明的是，這齣戲劇在開場時的情況是，在宛如被惡魔所佔據的良心飽受折磨（或者在劇中的神話裡，受到憤怒女神的糾纏與侵擾）的期間，並且但是，這些苦惱如今都已經過去；妳會讀到一些對我們兩人而言都是如此悲傷的時期的紀錄，就像是集合了一些醜惡可憎的、再也無從回歸的夢境的傳說。這時的我，再一次回到了倫敦，並且再一次於夜間步行在牛津街的排屋街道上；而且，很多時候，當我因為焦慮而感到心情抑鬱，我需要貫通自己的哲學觀，而且有妳在我的身邊支持我的舒適感，才能解消這些焦慮，並且想起現在的我，身在與妳相隔了三百英里的遠方，度過三個月枯燥乏味的時間之時，我抬起頭來觀望那些從牛津街開始往北延伸的街道，在灑滿月光的夜裡，回憶起自己在年輕時代痛苦絕望的吶喊；並且想起十九年前，妳獨自坐在和現在一樣的山谷裡，是那一棟房子的女主人，讓我的心從此盲目迷失了方向；雖然我的確從此變得盲目，一直到最近才開始雲消霧散，但是，我想，我內心的騷動鼓譟也許和一個遙遠的未來有著深遠的關係，倘若在另一種意義上判讀的話，或許可以證明我的想法是正確的；假使我允許自己再次放下身段，去迎合自己少年時期那些軟弱無力的願望的話，那麼，當我眺望北方之際，我應該會再次對自己說，「啊，假使我擁有鴿子的雙翼——」，而且或許會對妳親切善良的天性產生由衷的信賴，從而為我年少時期的痛苦吶喊劃下句點——「我會為了尋求慰藉而飛往**那個**方向！」

隨時有可能遭受敵人襲擊的危險，以及被名義上的朋友拋棄或是冷漠以待的情況下，只有姐姐陪伴在弟弟身旁。

鴉片的快樂

從我第一次服用鴉片以來，已經過了很長一段時間，因此，如果這在我的人生中是一件微不足道的小事的話，我可能早已忘記確切的發生日期；然而，這些重大的事件是不允許被遺忘的，而且從與此相關的環境條件看來，我的記憶告訴我必須要回溯至一八〇四年的秋天。在當時的季節裡，我人在倫敦，那是我自從大學入學以來首次再度造訪倫敦。而我與鴉片的邂逅，基本上是以下述的方式展開。從非常年少的時期開始，我便養成了一天至少一次用冷水洗頭的習慣：一天，我突然遭受劇烈牙痛的襲擊，我將其歸因於我偶然中斷了這個習慣所導致的某種神經纖維的遲緩等等，我於是迅速跳下床，將我的頭壓入注滿冷水的臉盆中，並且就著濕漉漉的頭髮繼續入睡。隔天早上，在我醒來的時候，我想不需要多做說明，我的頭與臉頰感受到無比劇烈的風濕性疼痛，持續了大約二十天左右的時間，我幾乎沒有一刻可以從這樣的劇烈疼痛中獲得暫時的緩解。我想大概在第二十一天，那是一個週日，我決定出門上街，並沒有任何明確的目的，而是，如果可能的話，想從我的痛苦折磨中暫時逃離開來。偶然間，我遇到了一位大學的熟人，他向我推薦了鴉片。鴉片！那給人帶來無可想像的快樂與痛苦的神奇可怕力量！我曾經聽說，它就如同神所賜予的食物或眾神食用的佳餚一般誘人，除此之外再無其他。在過去，那曾是多麼空洞無意義的一個聲音：如今，卻在我的心中敲響了一段何等神聖莊嚴的和弦！在我的心中引發了何等撼動人心、融合了悲傷與歡樂回憶的共鳴！回想起這些事情的片刻，我感受到一種神秘不可思議的重大意義，就跟當時首次向我公開展示「鴉片吸食者樂園」之人（假使他真的是個人的話）、當時的場所，以及當時的時間等等最細微的枝節有關。那是一個週日的午後，天氣陰沉而潮濕：在我們生存的這個大地上，沒有什麼景象，會比倫敦一個下雨的週日更為沉悶陰鬱。我走在返家的路上，穿過了牛津街；在「**莊嚴堂皇**的萬神殿」[11]（一如華茲華斯先生親切地稱呼它一般）附近，我看見了一家藥材商的商店。這家藥材商並沒有意識到其所施予的，乃是上天恩賜的至福喜樂！——卻彷彿與這陰雨綿綿的週日午後志同道合一般，看起來十分沉悶愚蠢，正如這個世界上的任何一家藥材商，在週日的午後看起來，可能都是這種死氣沉沉的樣子；當我詢問店家可否賣給我一些鴉片之時，他就如同其他任何人一樣，二話不說取出鴉片給我，並且在我遞給他一先令之後，從一個貨真價實的木製抽屜裡，拿出一個看起來貨真價實的半便士銅幣找還給我。然而，儘管這位藥材商不管怎麼看就是一般人的模樣，他從那時起便在我心中保有一種極樂至福的形象，彷彿是上天特地將他送入凡間，為我完成一個特別的任務。因為當我下一次再來到倫敦，在莊嚴堂皇的萬神殿附近找尋這個藥材商，卻怎麼也找不到他時，我更加確信我用這樣的方式來想像他是千真萬確的；因此，就我這個根本對他姓名一無所知的人來說（假使他真的有名字的話），他似乎比較像是就此從牛津街消失不見，而不是以任何一種有形的方式遷移到其他地方。讀者或許會選擇認為他不過就是個塵世間的一般藥材商罷了；事實也許就是如此，但是我認為我的想法

11 譯註：莊嚴堂皇的萬神殿（the stately Pantheon）：華茲華斯的詩作〈音樂的力量〉（Power of Music，一八〇六年）第三行。「萬神殿」（Pantheon）為倫敦牛津街上的一處民眾娛樂場所。

更加正確無誤：我相信他不是已經消失不見[12]，就是已經從人間蒸發。也因為如此，我非常不樂意將那些引領我首次接觸到此一上天恩賜靈藥的時刻、地點與人物，與任何一個現世的記憶結合在一起。

回到我的住處之後，大概以為我不消片刻，便會將藥材商開出的藥方份量一飲而盡。當然，我對服用鴉片的完整技法與奧秘一無所知，我確實服用了鴉片，而且是在一種非常有害的情況下服用。但是，我服用了它——就在一個小時之後——喔，這裡是天堂啊！這是何等急遽的轉變！我的內在精神何等激烈高昂，從無法更低落的深淵裡振翅高飛！這是撼動我內心世界的天啟！我的痛苦已經消失不見，但如今這在我看來只是微不足道的小事：這種消極的作用，迅速淹沒在那些我眼前展開的無限積極效果中——淹沒在那突然由上天啟示所揭露的神聖愉悅的無底深淵中。現在，這裡有一種能治百病的萬靈藥——一種可以治癒所有人間苦難的**鎮痛劑**（φάρμακον νηπενθές）；現在，這裡隱藏著幸福快樂的奧秘，是哲學家們在何其多個時代以來爭辯議論，卻在霎時之間頓悟的秘密：如今，只要一便士便能買到幸福快樂，而且，還可以將它放在背心口袋裡隨身帶著走；可攜式的狂喜沉醉，可以灌入一個一品脫的瓶子裡，而心靈的平和，則可以使用郵政馬車一加侖一加侖的大量運送。但是，假使我總是用這樣的方式說話，讀者可能會認為我是在開玩笑，但是，我可以向他們保證，凡是與鴉片長時間打交道的人，沒有一個會認為這些只是玩笑話：鴉片所帶來的快樂，事實上具有一種神聖且莊嚴肅穆的性質，即使是在他最欣喜若狂的狀態下，鴉片吸食者也無法使自己表現出一種**快活之人**（*L'Allegro*）的模樣：即使是在那樣的欣喜時刻，他依然像是化身為**沉思之人**（*Il Penseroso*）一

12「消失不見」（Evanesced）：這種從人生舞台上退場的方式，在十七世紀時似乎是眾所周知的，但是，這在當時被認為是一種只有皇家血統才能享有的特權，絕對不會容許一個藥材商這麼做。在大約一六八六年左右，一位名字看似不太吉利的詩人（順帶一提，他本身的確也充分應驗了這樣一個名字），亦即，陳腐先生（Mr. Flat-Man）〔譯註：湯瑪斯．弗拉曼（Thomas Flatman，一六三七—一六八八年），英國詩人、肖像畫家〕，在談到關於查裡二世（Charles II）的死亡之時，表示非常驚訝，居然會有君王做出諸如死亡這類如此荒謬的行為，他說，因為：

君王應該蔑視死亡，而只能**消失**不見。
亦即，他們應該**逃匿**至另一個世界裡去。

般說話與思考。儘管我身處悲慘苦難之中，我還是偶爾會用一種非常不應當的方式來戲謔、開玩笑：除非這種戲謔的態度受到一些更強而有力的情感所抑制，否則我恐怕得為我這種即使在這些苦難或喜樂的歷史記錄裡，依然不改這種不審慎態度的惡習負責。就這一點來說，讀者不得不或多或少對我這種意志薄弱的性格睜一隻眼，閉一隻眼；而且，透過少許一些這類的任性放縱，我可以努力用一種比較嚴肅莊重，但不至於使人昏昏欲睡的方式，來表現鴉片這樣一個主題。鴉片事實上並不是一個使人心情快活、情緒多變的東西，同樣地，錯誤地為鴉片冠上邪惡的臭名，也會使人感到昏昏欲睡、沉悶窒息。

首先，我用一個詞來簡單說明鴉片對人體產生的影響：針對到目前為止所有關於鴉片這個主題的書寫，無論是曾到過土耳其遊歷的旅行者（他們或許會辯稱自古以來便擁有說謊的古老特權），或是出自**極富權威的**（*ex cathedrâ*）醫學教授之手，我要宣告的只有一個強烈的批評而已——謊言！謊言！謊言！我記得有一次經過一家書攤，我從一位諷刺作家的書頁上看到這幾句話：「在此時，我開始相信倫敦的報紙至少每一週有兩次，也就是在週二與週六[13]這兩天，說的是實話，而且有可能是相當可信的，例如說，破產者的名單。」用同樣的話來說，我絕對不會否認一些關於鴉片的事實，確實已經傳遞給世界。因此，第一，鴉片的顏色是一種偏暗的褐色，這已經一再獲得學者的證實；對此，請注意，我完全同意。第二，鴉片的價格是相當昂貴的，這一點我也完全同意，因為在我的時代，東印度產的鴉片價格是一磅三基尼金幣，而土耳其產的鴉片則是八基尼金幣。第三，假使您服用了大量的鴉片，很有可能會因此而死亡——這對於任何一個擁有正常規律生活習慣的人而言，都會感到無比厭惡。[14]上述這三個重大主張全都是真實的：我無法對此做出任何反駁，而且無

13 譯註：「週二與週六」：此二日為倫敦的官方報紙出刊之日，其中也會公布破產者的名單。

14 然而，學者專家後來似乎也對此表示懷疑；因為我曾經看過一位農民的妻子拿著一本盜版的巴肯〔譯註：Alexander Peter Buchan，一七六四—一八二四年，倫敦的開業醫生〕的《居家醫學》（*Domestic Medicine*），她為了有益自身健康而研讀此書，這位醫生在書中寫道：「要特別小心，絕對不要一次服用超過二十五**盎司**的鴉片酊；」正確的讀法也許應該是二十五**滴**，這就相當於一喱的生鴉片。

論是在過去，還是在未來，真實都是值得推崇的。然而，關於鴉片的這個主題，我相信這三大重要定理，已經耗盡了我們到目前為止累積的所有知識儲量。因此，值得尊敬的醫生們，這裡似乎還有一些可供進一步發現的空間，煩請暫時退到一邊，讓我能夠站出來，就鴉片這個主題為大家上一堂課。

首先，所有正式或偶然提及鴉片的人，與其說他們肯定鴉片確實會、或者可能會導致人呈現極度麻醉的狀態，不如說他們是理所當然地這樣認為。現在，各位讀者，**我對自己說的話負責**（*meo periculo*），我要讓大家清楚知道的是，沒有一定份量的鴉片，是不會或者不可能導致麻醉的狀態。至於鴉片的酊劑（一般稱為鴉片酊），倘若有人可以承受服用大量**酊劑**的話，無疑地很有可能導致麻醉的狀態；但是，為什麼呢？因為鴉片酊含有非常多的標準濃度酒精，而不是因為含有非常多的鴉片。但是，我可以堅決斷言，未加工過的生鴉片是不可能導致身體產生任何一種類似酒精所引發的狀態，而且不僅就**程度**上而言不可能，甚至就**性質**上來說也是不可能的：不僅是它所產生的效果的量，甚至是它的質，它與酒精根本就是兩種完全不同的東西。葡萄酒所帶來的愉悅，總是不斷高漲攀升直到一個至高點，接下來便開始下降衰退；而鴉片所產生的愉悅，一旦開始生成，便可以連續維持八至十個小時不退：前者，借用醫學的專門用語來說，是一種急性愉悅的案例——後者則是一種慢性愉悅的案例；前者是一團火焰，後者則是一種穩定且均一的光輝。但是，這兩者最主要的差異還是在於，葡萄酒會擾亂人的心智機能，相反地，鴉片（倘若適當地服用的話）可以在各個心智機能之間引導出一種最精緻的規律、秩序及和諧。葡萄酒會奪取一個人的自制力；鴉片則是大大地增強一個人的自制力。葡萄酒會擾亂且蒙蔽一個人的判斷力，並且為飲酒者的侮蔑與讚賞、愛與恨帶來一種超乎尋常的光輝及一種異常高漲的興奮刺激；相反地，鴉片卻能向所有的心智機能，無論是主動地還是被動地，傳遞寧靜與平衡：而且，就一般性情與道德情感而言，鴉片實際上提供了一種維持生命所必須的體溫，這不僅可以經由判斷力證實，而且這種溫度很可能始終伴隨了太古或上古時代的健康身體構造。因此，例如說，鴉片就如葡萄酒一般，可以擴展人心及人的慈善情感；但是，它們之間還是有一個非常顯著的差異，亦即，這種突發性的、伴隨著酩酊狀態一同產生的仁慈親切，總是或多或少具有一種酒後容易落淚傷感的特徵，這會使人遭受旁人的輕蔑與鄙視。酒醉的人與人握手，誓言永恆不朽的友誼，接著卻不知為何緣故，開始落下淚來；這種感官的生物顯然位居高位。但是，鴉片所引發的良性情感的擴張，並不是一種類似熱病的發作，而是一種健康狀態的回復，亦即，原本是正直美好的心，在消除了所有根深柢固的、擾亂且與其脈動相衝突的疼痛刺激之後，便自然而然地回復至心智健康的狀態。事實上，即使是葡萄酒，在某種程度上以及在某些人身上，也可以有助於提升和穩定智力；我本身絕對不是一個大酒豪，但也曾經覺得飲用六杯左右的葡萄酒可以對心智機能產生有益的作用——它可以讓意識感覺明朗快活，提升意識的強度，並且賦予心智一種「自行取得平衡」（ponderibus librata suis）[15]的感受；當然，在通俗的語言裡經常使用的「他用酒精來**偽裝**自己」的說法，對於任何一個人來說都是最荒謬不過的；因為，相反地，大多數的人都是有節制地、一本正經地偽裝自己，但是當他們在飲酒之時（如同在阿特納奧斯著作[16]中某位老紳士所說的），他們**將自己的真實性格展現出來，這肯定不是在偽裝自己**（ἑαυτούς ἐμφανίζουσιν οἵτινες εἰσίν）。但是，無論如何，葡萄酒經常會將人帶向荒誕與放縱的邊緣，一旦超出了某一個點，便必然導致智力的揮發和消散；反之，鴉片似乎總是可以將各種騷動不安鎮定緩和下來，並且將各種焦躁紛亂聚合集中起來。總而言之，我們可以用簡單的幾句話來做總結：一個醉醺醺的人，或者已經快要喝醉的人，會感覺自己正處於一種喚醒自身之中純粹人性的部分，當作是至高無上的狀態，但卻往往是他本質裡殘暴野蠻的部分；然而，鴉片吸食者（我這裡指的是不受任何疾病所苦，也沒有受到鴉片其他長遠影響的人），其感受到的是他本質中神聖的部分才是至高無上的；也就是說，他的道德情感正處於一種萬里無雲的平靜狀態，而且莊嚴智識的偉大光芒灑落遍及各地。

15 譯註：引述自古羅馬詩人奧維德（Ovid）的《變形記》（*Metamorphoseon libri*）第一卷第一三行。

16 譯註：阿特納奧斯（**Athenaeus**），活躍於二世紀至三世紀的希臘學者，此處提到的著作為《智者之宴》一書。

這才是關於鴉片這個主題的正統派教義：我承認我是此一教派的唯一成員——自始至終：但是，我們或許也應該回想一下，我所說的基本上都是以豐富且深刻的個人經驗為根據：反之，大多數為鴉片提出論述的非科學性[17]著述者，他們之中甚至有些曾經明確地書寫過關於此一藥物學（materia medica）的論述，然而，從他們對鴉片表達的恐懼中，使我們清楚看到，他們之中沒有一個人有過關於鴉片作用的實驗知識。但是，我也必須坦白承認，我曾經遇過一個人，他握有證據可以證明鴉片具有使人醉醺的力量，像這樣的說詞，讓我的懷疑大為動搖；因為他是一位外科醫師[18]，而且他本身也曾經大量服用鴉片。我碰巧對他說，他的敵手（一如我所聽聞的）指控他在談論政治問題時胡說八道，他的友人為他感到抱歉，辯稱他是因為使用鴉片而經常處於一種酩酊大醉的狀態。我說，現在，他敵手的指控**乍看之下**（*primâ facie*）並不必然是愚蠢可笑的；但是，他用來辯解的說詞，卻**是**相當荒誕無稽的。然而，出乎我意料之外的是，他居然堅決主張，無論是他的敵手或是他的友人，說的都是正確無誤的事實。他說道：「我堅持我**確實**在胡說八道；其次，我也堅持在談論原則問題，或者帶有任何利益的觀點上，我並沒有胡說八道，然而單純只是——」

---

17 在眾多的旅行者等人之中，他們自身的愚蠢足以表明其從未有過任何與鴉片交手的經驗，我必須特別提醒我的讀者注意到《阿納斯塔修斯》（*Anastasius*）一書才氣縱橫的作者（譯註：《阿納斯塔修斯，或者一位希臘人的回憶錄》（*Anatasius, or, Memoirs of a Greek*），是湯瑪斯・霍普（Thomas Hope）的小說（一八一九年））。這位紳士的聰明才智，會導致人們誤以為他是鴉片吸食者，然而，從他作品第一卷第二一五—二一七頁中，關於鴉片效果的嚴重陳述錯誤看來，讓人完全無法認定他確實具備鴉片吸食者的特徵。仔細思考之後，這樣的謬誤對於作者本身而言必然也是相當明顯，為了撤回他在作品中大量地採用我所強調的這些謬誤（以及其他的一些錯誤），他居然自己承認有一位「蓄著雪白鬍鬚」的老紳士服用了「大量鴉片」，並且能夠就這種習慣所導致的不良後果，提供一些非常有意義、也比較容易為人接受的忠告。但是，對於鴉片是否會過早置人於死地，或者會將人送進瘋人院的問題而言，這也僅是一個無關緊要的證據罷了。然而，在我眼裡看來，我已經看透這位老紳士以及他的動機；事實上，他受到了阿納斯塔修斯隨身攜帶的那個「盛裝有害藥物的金黃色小容器」所誘惑；但是，除了威脅這位容器的持有人，讓他感到驚慌失措（順帶一提，他絕對不是最有勇氣的人物之一）之外，沒有其他可以如此安全且可行的方法。我的評論為這整個案例提供了一個新的視角，並且也大大改進其故事性；因為這位老紳士的演說，若將其視為一堂關於藥學的講座，實在是非常荒謬；但是，若將其視為一場設計阿納斯塔修斯的騙局，則會是一篇非常精彩的讀物。

18 譯註：此人可能是曾經為德昆西提供治療的阿伯內西博士（John Abernethy，一七六四—一八三一年）。

他說道，「單純只是、單純只是（他重複說了三遍）因為我服用鴉片而酩酊大醉，而且是天天**如此**。」我回應道，關於他敵手的陳詞方面，因為似乎是奠基在相當可信的證詞上，而且既然你們三方也一致對此表示贊同，我也就不再繼續質疑這方面的問題；但是，我必須就辯詞提出異議並且表示反對。外科醫師繼續討論這個議題，並且提出了他的理據；但是，就我的立場而言，繼續抱持一個必須假定對方在屬於他自己的專業領域的某一點上犯下錯誤論點，是非常失禮的，因此，即使他的論證過程似乎還有許多可以反駁的餘地，但我並沒有繼續緊迫盯人；更不用說一個胡說八道的人，即使「不帶有任何利益的觀點」，但是在一場爭論中，無論是作為對手或是身為答辯人，他都不是一個最合適的伙伴。但是，我必須坦承，外科醫師的權威，尤其是一位受大眾公認擁有良好聲譽的外科醫師，似乎是相當具影響力的，這對我的說詞明顯不利；但是，我依然必須為我的經驗提出辯護，因為我服用的鴉片劑量遠遠超過他一日服用的最大劑量七千滴；而且，雖然不可能假設一位醫療人員缺乏關於葡萄酒導致酩酊狀態之典型症狀的相關知識，但令我震驚的是，他很可能因為過度廣泛地使用「酩酊大醉」一詞，並且將其一般化擴大應用在各種神經性刺激的樣態上，而不是將其縮限於表達一種特殊的、與某些症狀相關連的興奮刺激，因而犯下了邏輯上的錯誤。我曾經聽聞有些人堅持主張他們因為飲用綠茶而感到醉醺；還有一位倫敦的醫學院學生，我有充分的理由對他的專業知識感到由衷的尊敬與欽佩，他有一天向我明確地保證，有一位從疾病中恢復健康的病患因為吃了牛排而感到醉醺。

在詳述了這麼多關於鴉片的第一點主要謬誤之後，我打算非常簡短地提出第二點與第三點謬誤：亦即，在鴉片所引發的情緒高昂之後，必然會伴隨著一定程度的意氣消沉，以及，鴉片所導致的自然乃至直接的後果，是肉體上及精神上的麻痺與鬱積。關於第二點的謬誤，我認為只要簡單地予以否認即可；我可以向我的讀者保證，在我每隔一段時間便服用鴉片的這十年期間，在我允許自己擁有如此奢華享受的隔天，我總是度過了精神異常美好的一天。

至於第三點的謬誤，亦即，在服用鴉片之後所造成麻痺的狀態，或者說（假使我們認為土耳其鴉片吸食者的眾多圖片是可信任的話）在服用鴉片之時同時引發的麻痺狀態，我也同樣予以否認。的確，鴉片被歸類在麻醉劑的項目底下，而且它最後很可能會產生這類的效果；但是，鴉片的主要功效，而且在最高度程度上，始終是刺激器官組織，並且使其感到興奮。在我還是新手之時，鴉片開始發揮作用的初期階段，總是可以在我身上持續八個小時以上；因此，假使鴉片吸食者沒有計算好他服用（用醫學用語來說）一次劑量的時間，以致於鴉片的麻醉效果的整體影響，可能全都落在他的睡眠上的話，那就是鴉片吸食者自己的過失。土耳其的鴉片吸食者，就如同多數的騎馬者雕像一般，毫無知覺地跨坐在圓木上，看起來多麼荒誕可笑。但是，為了讓讀者判斷鴉片可能在什麼程度上麻痺一個英格蘭人的心智機能，使他變得呆若木雞，我要（用例證而不是用議論的方式來討論這個問題）提供我自己於一八〇四年至一八一二年的期間，經常在倫敦度過的鴉片之夜的經驗。可以看出，至少鴉片並沒有使我萌生尋求孤獨之意，更不用說陷入無為怠惰的狀態，或者像是土耳其人那種自我退化的麻痺狀態。我冒著被宣告為瘋狂的鴉片狂熱者或者妄想家的危險，說明這一整個經過；但是，我**對此**不是很在意。我熱切期盼我的讀者可以謹記在心的是，我在當時是一位勤奮學習的學生，而且沒有服用鴉片的時間裡，我總是認真地勤學苦讀；當然，我也和其他人一樣，擁有偶爾放鬆一下的權利。但是，我甚少允許自己這麼做。

已經過世的□□□〔諾福克（Norfolk）〕公爵曾經說過：「下週五，上天保祐，我打算喝個酩酊大醉」；同樣地，我也曾事先預定好，在一段時間之內，我可以多少次以及何時讓自己沉溺放蕩於鴉片之中。通常不會多於每三週一次，因為當時的我還無法像之後那樣，有膽子每天點「**一杯溫熱不加糖的鴉片酊**」飲用。不，如同我之前說過的，當時的我甚少飲用鴉片酊，不會多於每三週一次：通常是在週二或者週六的夜晚裡享用；我的理由說明如下。那時候，格拉辛妮[19]在歌劇院[20]裡唱歌，她的美妙音色，比起任何我曾經聽過的歌聲，

---

19 譯註：彼娜．格拉辛妮（Giuseppina Grassini，一七七三—一八五〇年），知名義大利女低音，於一八〇四年至一八〇六年期間於倫敦公開演出。她不僅是優秀的歌手，也以美貌著稱。傳說她曾為拿破崙和威靈頓公爵的愛人。

20 譯註：這裡指的是柯芬園（Covent Garden），倫敦西區的一個地區，區內有皇家歌劇院和許多小

都要令人感到心情愉快。現在的歌劇院是什麼狀態我不知道，我已經有七或八年的時間不曾踏入歌劇院，但是，在當時，若想在倫敦度過一個歡欣愉快的夜晚，歌劇院可以說是最佳的公共娛樂場所。只要五先令就可以坐進歌劇院的頂層樓座，比起劇場的大眾席，嘈雜喧鬧聲已經小很多；管弦樂團的演奏音色甜美且優雅悅耳，其莊嚴華麗無疑比起所有英國的管弦樂團更勝一籌，我必須坦白地說，後者的組成，無論是喧囂的樂器總是佔有優勢的配置，或是小提琴主導的絕對專橫，都不是我的耳朵可以容忍接受的。合唱團的演唱聽起來非常神聖莊嚴，而且，當格拉辛妮一如往常地在幕間時間出現在舞台上，並且猶如安德洛瑪刻[21]在赫克托耳的墓碑前，用美妙的歌聲盡情傾瀉她熱情的靈魂之時，我不禁懷疑在所有曾經踏入鴉片吸食者樂園的土耳其人中，是否有任何一人可以享受像我現在擁有的一半快樂。但是，的確，認為他們擁有與一位英國知識份子相近的、享受樂趣的能力，我實在太高估了這些野蠻人。因為根據傾聽音樂者本身氣質的不同，音樂會轉化成一種知性的或是感官性的快樂。而且，順帶一提，除了在《十二夜》中圍繞著音樂主題展開之異想天開的演出[22]之外，我想不出來在所有的文學作品中，還有哪一件可以如此貼切地闡述音樂這個主題；那是湯瑪士．布朗爵士的《醫師的宗教》（*Religio Medici*）[23]一書中的一個章節[24]，雖然此書主要是以其崇高的文體舉世聞名，但其實也具有哲學性的價值，因為指出了關於音樂產生功效的真實理論。絕大多數的人犯下的錯誤，在於認為他們是用耳朵與音樂溝通，因此，就音樂產生的功效而言，他們都是

商店。對許多音樂人而言，柯芬園幾乎是皇家歌劇院的同義詞。

21 譯註：安德洛瑪刻（Andromache），希臘神話中特洛伊英雄赫克托耳（Hector）的妻子，史詩《伊里亞德》（*Iliad*）的女主人公。赫克托耳在戰爭中被希臘英雄阿喀琉斯（Achilles）殺死。格拉辛妮演唱的大概是奇馬羅薩（Domenico Cimarosa，一七四九－一八〇一年，義大利歌劇作曲家）的歌劇《圍攻特洛伊的阿喀琉斯》（*Achille all'assedio di Trioa*，一七九八年初演）。

22 譯註：引述自莎士比亞《第十二夜》（*Twelfth Night*）第一幕第一景第一行「假使音樂是愛情的食糧，那麼奏下去吧！盡量奏下去，好讓愛情因過飽噎塞而死。」開始的一節。

23 我現在手邊沒有這本書可供參照；但是我想，這個段落應該是這樣開始的：「而且，即使是那種可以讓一個人感到愉快，但讓另一個人感到瘋狂錯亂的酒館音樂，也在我的內心誘發出一種深沉的虔敬感受」等等。

24 譯註：湯瑪士．布朗（Thomas Browne，一六〇五－一六八二年）的名著《醫師的宗教》第二部第九節開始：「任何一個有著協調和睦性格的人，都會在聽見和聲之時感到愉悅快樂。」

純粹被動的接收者。但事實上並非如此；音樂的快樂，乃是建構在耳朵聽取了音樂，而心智對此一聆聽做出反應（**物質**來自感官，**形式**則是從心智而來），快樂是建構出來的，因此，同樣擁有健全耳朵的人，在快樂的建構這一點上卻彼此有著非常大的差異。現在，我們回過頭來說說鴉片。一般而言，由於鴉片會大大地增強心智的活動，因此它也無可避免地增強了心智活動的某種特殊模式，亦即，我們可以藉以將一些由器官發出來的聲響等原始素材，建構成一種精緻細膩的知性愉悅。然而，我有一個朋友說，對他而言，一連串的樂音就如同是一連串阿拉伯符號的集合；他無法為這些樂音附加上任何一種概念。概念！我的老天爺？根本沒有必要這樣做；所有可供我們在音樂的這個例子裡使用的概念分類，都已經具備了一種表象情感的語言。但是，這是一個與我目前的主題完全不相關的問題；我只需要簡短說明就足夠：一個展現出如此精緻細膩和聲的合唱團，就像是一張繪著美麗圖案的掛氈，將我過去的全部生活在我的面前鮮明地展現出來——並非彷彿透過回憶的行動來喚起，而是彷彿我的過去就存在於音樂之中，被具象化出來；細數過去的種種已經不再是一件苦差事；但是，許多過去事件的細節已經被移除，或者混合在某些模糊不清的抽象概念裡，過去的種種激情不斷獲得提升，它們被賦予精神上的意涵，並且得以淨化昇華。所有這些都只需要五先令便可以輕鬆獲得。而且，除了舞台上以及管弦樂團的音樂之外，在表演的幕間休息時間當中，我可以聽見四周的義大利女人，用著義大利語彼此交談的美妙聲音：因為頂層樓座通常都擠滿了義大利人。而且，就如旅行家魏爾德[25]在加拿大帶著快樂的心情，躺著傾聽北美印地安女人的甜美笑聲一般，我也帶著快樂的心情，傾聽四周義大利女人的談話聲；因為你對一個語言瞭解越少，你便越能輕易感受此一語言的音調，以及發聲的細緻或粗糙。因此，為了達到上述的目的，即使我只是一個擁有相當淺薄的義大利語知識的學者，我只能閱讀一些義大利文，但是完全不會口說，

25 譯註：艾薩克・魏爾德（Isaac Weld，一七七四—一八五六年），著有《北美諸州及上、下加拿大地域紀行：一七九五、一七九六及一七九七年》（*Travels Through the States of North America and the Provinces of Upper and Lower Canada During the Years 1795, 1796 and 1797*）。

甚至聽別人交談也瞭解不到十分之一的部分，但是，這對我來說反而是有利的。

這些是我在歌劇院裡享受到的快樂；我還有另外一個快樂的來源，但只有在週六夜晚才享受得到，因此有時候我必須在它與自己對歌劇院的熱愛之間矛盾掙扎；因為在當時，週二與週六是定期的歌劇之夜。就此一主題而言，我擔心我說的比較曖昧不清，但是我可以向讀者保證，即使有些晦澀不明，但絕對不會像諸如撰寫了《普羅克洛的一生》（*Life of Proclus*）的馬里努斯[26]，或者其他許多擁有良好聲譽的傳記作家與自傳作家一般的程度。我剛剛說過，這種快樂只有在週六夜晚才能享受得到。那麼，為什麼我要特別選在週六夜晚，而不是其他的夜晚呢？我並沒有從事任何需要讓自己充分休息的勞動，也沒有薪資可領；為什麼我就是執意選擇週六的夜晚，縱使需要壓抑聆聽格拉辛妮歌聲的呼喚呢？真的，邏輯思路分明的讀者，各位提出的疑問我無法回答。但是，我還是可以向讀者說明，儘管不同的人會透過不同的管道來釋放他們的情感，但大多數的人還是主要傾向於透過同情的方式，來表達他們關心窮人的興趣，他們會以某種形式來表達他們對窮人的痛苦與悲傷的同情，我在當時則是傾向於透過對窮人享受的快樂產生共鳴的方式，來表達我關心他們的興趣，這種興趣無論是在過去或是現在，都不曾改變。我到目前為止已經看過太多貧窮的痛苦，多至我完全不願再回想起；但是，窮人享受的快樂，他們在精神上的慰藉以及在身體勞動之後的休養生息，無論重複觀看多少次，我也絕對不會因此感到沉重壓迫而難以忍受。目前的情況是，對於窮人來說，週六夜晚是他們定期與週期性返家休養生息的最主要時期；在這一點上，即使是最敵對衝突的派系也會團結起來，承認彼此之間依然保有四海皆同胞的共同連繫；幾乎所有的基督教國家都會停止勞動，讓人民休養生息。週六是隔天休息日前的序曲，與下週一重啟勞動前，相隔了一整個白天和兩個夜晚的時間。基於這樣的原因，在週六的夜晚我總是可以感覺到，彷彿我也從某種勞動的束縛中解放開來，領到

26 譯註：馬里努斯（Marinus，四一二？—四八五年），新柏拉圖主義哲學家，普羅克洛（Proclus，四一二—四八五年）的學生。

一些微薄的薪資，並且打算去享受一些休息的奢侈樂趣。因此，為了盡可能大規模地親眼見證自己的同情心如此高揚滿溢的光景，我經常會在週六的夜晚，在享用完鴉片之後，前往倫敦大大小小的市場或者其他的地方，來來回回漫步遊蕩，也不太考慮方向或者距離，只為了一覽窮人在週六的夜晚將他們一週的薪資消耗殆盡的遊樂場所。許多都是一家人的聚會團體，包括丈夫、他的妻子、有時還有一兩個孩子，他們會站著討論關於賺錢的方法和手段，或者他們荷包的實力，或者家庭用品的價格等等，這一切都聽進我的耳裡。漸漸地，我越來越瞭解他們的願望、困難，以及意見等等。有時候，也許可以聽見一些不滿的怨言，但是，無論從他們臉上的表情或者語言的陳述中更常表現出來的，反而是忍耐、希望與平靜。而且大體上，我必須說，至少在這一點上，窮人比有錢人還要豁達且處之泰然——他們會比較樂意且心甘情願地，對自己認為是無可改正的邪惡或者無可彌補的缺失表現出服從的態度。無論何時，只要眼見有好的機會，或者不會因為我的冒昧出現而有所干擾，我會加入窮人的聚會，並且對他們討論中的事務提出我的意見，或許並非總是明智正確的，但他們總是可以心胸寬大地接受我的見解。假使我聽到他們說薪資稍微高一些或者預期會調漲，或者四磅大麵包[27]的價格稍微降低一些，或者有新聞報導洋蔥和奶油的價格將會調降的話，我也會感到非常開心；但是，如果事與願違的話，我會從鴉片尋求一些自我安慰的方式。因為鴉片（就如同蜜蜂一般，無差別地從玫瑰與煙囪的煤灰中汲取所需的原料）可以支配所有的情感，用一支萬能鑰匙讓情感全都服從歸順自己。這些漫無目的的散步，有時會讓自己無意識地步行一段相當長的距離，因為鴉片吸食者會因為太開心而沒有注意到時間的行進；有時候，我也會嘗試讓自己朝回家的方向前進，我會依循航海的原則，眼睛緊緊盯著北極星，雄心勃勃地找尋西北航道[28]，而不是環繞著我向外航行旅程中繞

27 編註：四磅大麵包（quartern loaf）用一磅麵粉做成重四磅的大麵包。

28 譯註：西北航道（Northwest Passage），一條穿越加拿大北極群島，連接大西洋和太平洋的航道。以前沒有巴拿馬運河之時，從大西洋穿過美洲大陸北部抵達太平洋的航線，是當時許多人的夢想。一八四五年，北極探險家約翰．富蘭克林（John Franklin）曾試圖經由此航道航行，在搜尋航道途中失蹤，下落不明。

過的所有陸岬與海角航行；然而，有時候，我會突然遇上非常錯綜複雜的小巷問題、宛如迷宮般難解的入口，以及像是斯芬克斯[29]謎語街道般的禁止通行；我想，這些巷道必定使蠻橫無理的搬運工人倍感困擾，也讓出租馬車的車伕傷透腦筋才是。有時候，我幾乎可以相信，我一定是發現某些**未知領域**（*terrae incognitae*）中的第一人，而且我懷疑這些領域是否已經載入倫敦的現代城市地圖中。但是，在久遠之後的歲月，我卻為此付出相當沉重的代價，因為在當時見過的人的面孔，經常在我後來的夢境裡霸道橫行，而我在倫敦這座迷宮裡迷途受困的窘境，又再浮現干擾我的睡眠，使我不僅在道德上、也在智性上感到茫然，使我的理性因此陷入混亂，或者使我的良心感受到極度的痛苦與懊悔。

至此，我已經向讀者說明，鴉片並不必然導致無為怠惰或者麻痺的狀態，但是，相反地，它經常激發我動身前往市場和劇院。但是，我必須坦承，當鴉片吸食者在享受鴉片之後，處於隨之而來的神聖非凡狀態下之時，市場與劇院並不是適合他們造訪出沒的場所。當他處於那樣的狀態之下，群眾對他而言會變成一種壓迫；音樂甚至對他而言過於刺激官能和下流粗鄙。他會自然而然地尋求孤獨與寂靜，作為那種渾然忘我的狀態，或者最深度的幻想必不可少的條件，這些都是鴉片可以協助人的本性達到的完美極致。我本身的毛病在於考慮過多，以及觀察太少，而且，在我剛進入大學就讀之時，由於對自己在倫敦目擊到的各種苦難折磨做了太多的沉思，我幾乎已經陷入憂鬱的深淵，我充分地意識到自己有著這樣的思考傾向，因此也總想竭盡所能地抵制對抗這類的傾向——的確，我就像是一個根據古老傳說，進入特羅弗紐斯洞窟[30]中的人；我尋求的治療法就是強迫自己進入社會，並且致力於學問的研究，讓自己的理解力維持持續不斷的活動。但是，在進行這些治療法的同時，我無疑地已經變得猶如憂鬱症患者一般鬱鬱不振。然而，數年之後，當我終於比較能夠恢復以往歡欣快活的狀態之時，我的內心卻開始出現一種渴望享受孤獨生活的自然傾

29 編註：斯芬克斯（sphinx），希臘神話中的帶翼怪物，會攔住過往行人要他們猜謎，猜不出則遭噬。

30 譯註：特羅弗紐斯（Trophonius），古代羅馬神。傳說進入這個神的洞窟中聽見神諭的人，從洞窟出來之後都變得非常憂鬱，因此「進入特羅弗紐斯的洞窟」成為一個意指「憂鬱之人」的諺語。

向，而且，在當時，我經常在服用鴉片之後陷入出神幻想的狀態；而且，這樣的情況已經不只一次發生在我身上：夏日的夜晚，我會在一個可以將L︵利物浦︶這座大城市的景致一覽無遺的房間裡，坐在一個敞開的窗戶旁，俯瞰我下方一英里遠的大海，在大致相同的距離內，就這樣從日落坐到日出，身體一動也不動，而且也絲毫沒有想要移動的慾望。

我想我應該會受到指控，被冠上神秘主義、波墨主義[31]、寂靜主義[32]等等的罪名，但是，**這**一點也嚇不倒我。年輕的亨利．范恩爵士[33]是我們之中最聰明的人之一；但是，我的讀者可以看看，這個人在他的哲學著作裡書寫的，是否有一半像我這般並不神秘。而且，我會說，經常使我感到驚訝的是，我現在所描述的光景，本身多少就是出現在這類幻想狀態中的典型表徵。這座L︵利物浦︶城市代表著人世大地，即使其悲傷或死亡皆被拋諸腦後，但並沒有從眼前消失，也沒有被完全遺忘。大海，溫和平靜但卻永不止盡地翻動著波浪，籠罩在一種宛如鴿子般平靜的氛圍之下，但或許並不適合作為當時左右心智以及情緒的表徵。因為這對我而言，我似乎是第一次站在遠處，遠離日常生活的喧囂；彷彿這塵世間的動盪、狂熱以及糾紛，全都暫緩停止一般；一種從內心的秘密重擔中解脫出來的喘息；一個休養生息的安息日；一種從人的辛苦勞役中解放開來的歇息。[34]在這裡，人生道路上花開綻放的希望，與死後踏入墳墓中的平和，相互融合在一起；智力的運行就如天堂一般永不疲乏，但對於任何一種焦慮不安而言都是一種平和安穩的寧靜；一種寧靜，但似乎並不是源自於

31 譯註：波墨主義（**Behmenism**），十七世紀歐洲基督教運動之一，通常指雅克．波墨（**Jakob Böhme**，一五七五—一六二四年，德國哲學家、基督教神秘主義者）的英國追隨者。

32 譯註：寂靜主義（quietism），十七世紀末的神秘主義的宗教思想，指信徒在靈修中享受與神交流的神秘經驗，而此經驗乃是神主動賜予的，並非來自個人修為。

33 譯註：亨利．范恩（**Henry Vane the Younger**，一六一三—一六六二年），英國政治家。因反抗查爾斯一世而移居北美馬薩諸塞州，擔任該州殖民地州長，期間返回英國，與保皇黨發生激烈對抗。王朝復辟（一六六〇年）之際被逮捕處以死刑。著有《隱遁者的沉思》（***The Retired Man's Meditations***）（一六五五年）。

34 譯註：此處為對華茲華斯的《丁登寺》（*Tintern Abbey*）中「這整個神秘的重負，那不可理解的世界令人厭倦的壓力，頓然間減輕；……我的肉軀停止了呼吸，甚至人類的血液也凝滯不動，我們的身體進入安眠狀態，並且變成一個鮮活的靈魂」（第三六—四六行），而且「無益的焦躁與世界的熱病沉重地壓迫著心臟搏動的每一個節奏」（第五二—五四行）等詩句的迴響。

惰性的產物，而是彷彿得自於強而有力且不分軒輊的對峙結果；永不止盡的活動，永不止盡的停歇。

喔，公正、靈妙、偉大的鴉片！無論是窮人或是富人，你對他們的心都是一視同仁，你為永遠無法治癒的傷口，以及「激發精神做出反抗的劇痛」[35]，帶來鎮定撫慰的香膏；能言善辯的鴉片！用你具高度說服力的修辭，悄悄地奪走憤怒的火焰；在一夜之間，讓有罪的人重拾他青春時期的希望，潔淨他沾滿鮮血的雙手；讓驕傲自負的人暫時忘卻：

不加掩飾的錯誤，以及仍未雪恥的侮辱；[36]

為了讓蒙冤受苦的人感受勝利的喜悅，你傳喚不實的證人至夢中大法官的法庭前，將偽證粉碎挫敗，也讓不公的裁判官做出的判決遭到推翻；——你在黑暗的最深處核心裡，用大腦生成的奇異古怪的意象作為素材，建造出超越菲迪亞斯[37]與普拉克西特列斯[38]之藝術的城市與神殿——超越了巴比倫[39]與赫卡通皮洛斯[40]的雄偉壯觀，並且「從睡眠中進入夢境的混沌狀態中」[41]，將絢爛的日光映照在長久以來總是被掩藏埋沒的美人臉上，以及映照在滌清了「墳墓的污穢不潔」[42]的幸福家庭面影上。你是將這些天賜的恩惠帶給人們的唯一；你同時也擁有通往天堂的鑰匙，喔，公正、靈妙、偉大的鴉片！

---

35 譯註：引述自華茲華斯的《萊爾斯通的白雌鹿》（*The White Due of Rylstone*）之「獻辭」第三六行。

36 譯註：引述自華茲華斯《逍遙遊》（*The Excursion*）第三卷第三七四行。

37 譯註：菲迪亞斯（Phidias，西元前四八〇—前四三〇年），古希臘最偉大的雕刻家、畫家和建築師，據說巴特農神殿的埃爾金帶狀石雕是在他領導設計與監督之下完成。

38 譯註：普拉克西特列斯（Praxiteles），西元前三九〇年左右出生，與菲迪亞斯齊名的古希臘偉大雕刻家。

39 譯註：巴比倫（Babylon）：巴比倫建築中特別有名的「空中花園」乃為傳說中的奇景建築。

40 譯註：赫卡通皮洛斯（Hekatompylos）：伊朗的古代城市，字義為「百門之城」。

41 譯註：引述自華茲華斯《逍遙遊》（*The Excursion*）第四卷第八七行。

42 譯註：典故出自莎士比亞《凱薩大帝》（*The Tragedy of Julius Caesar*）第一幕第二景第二三九行「污穢不潔的墳墓」（dishonourable graves）。

鴉片的痛苦序

各位謙恭有禮的、我也希望是寬大為懷的讀者（因為**我的**所有讀者都必須是寬大為懷的人，否則我擔心會使他們過於震驚，而無法指望他們保持禮貌），各位已陪伴我至今，現在，我懇求您們再與我繼續前行大約八年左右的時間；也就是說，從一八〇四年（我曾經說過首次接觸鴉片便是始於這一年）至一八一二年。大學生活的歲月如今已成過往雲煙——我幾乎已經徹底遺忘；學生帽不會再壓迫我的太陽穴；假使我的學生帽仍健在的話，它大概會繼續壓迫那些年輕學生的太陽穴，我相信他們與我一樣，都是歡欣喜悅、充滿激情的知識愛好者。我敢說，到了現在，我的大學禮服，就跟收藏在博德利圖書館[43]中成千上萬冊的優秀書籍一般，也就是說，已經被一些孜孜不倦的飛蛾與

43 譯註：博德利圖書館（Bodleian），一六〇二年湯瑪斯．博德利（Thomas Bodley）建造的英國牛津大學著名圖書館，為僅次於大英圖書館的大圖書館。

蛀蟲勤奮努力地研讀過；或者，不管怎麼說（關於我大學禮服的命運如何，我所知道的只有這些），它可能已經被送至大收藏室的**某處**，和所有的茶杯、茶葉罐、茶壺、燒水壺等等收拾在一起（更別說還有一些易碎的容器，諸如玻璃杯、玻璃瓶、以及宿舍的寢室管理員[44]等等），它們有時候與我現在使用中的茶杯等等有些相似之處，讓我想起我也曾經擁有過這些東西，但是關於它們的去處以及最終的命運，就與任何一所大學的大多數禮服一樣，我想也只能陳述出一段模糊不清且往往只是推測的歷史而已。清晨六點，為召喚人們前來晨禱而響起的、不受歡迎的禮拜堂鐘聲，其喧鬧聲再也不會干擾我的睡眠，負責敲鐘的看守人——我在更衣之時總是使用非常多希臘語的諷刺短詩，詳盡地描述他那（帶點紅棕古銅色的）俊美鼻子以茲報復——如今已死去，從此不再能夠叨擾任何人；而且，我以及其他許多曾經備受他鳴鐘響聲的特殊偏好所苦之人，現在都一致同意不再計較他的過失，並且原諒了他。現在，我甚至也對禮拜堂的鐘聲報以仁慈寬厚的態度；我想，一直以來都是一天鳴鐘三次，而且，我毫不懷疑的是，這鐘聲必然非常殘酷地困擾著許多高貴可敬的紳士，並且擾亂他們內心的平靜；然而，對我而言，就在一八一二這一年，我不再顧慮那變化莫測的鐘聲（我之所以稱之為變化莫測的，因為經過一番惡意的精細修飾之後，它發出一種甜美如銀鈴般的音色，彷彿要邀請人們參加一場宴會一般）；事實上，即使鐘聲如其本身惡意所願般的隨風而去，它的聲響卻不再有能力傳入我的耳裡，因為我已經身在遠離它兩百五十英里之處，隱匿在群山深處。那麼，我在這深山裡做些什麼呢？當然是服用鴉片。是的；不然要做什麼？親愛的讀者啊，在一八一二年，也就是我們現在來到的這一年，以及從數年之前開始，我主要都在研讀諸如康德、費希特、謝林等等德國哲學家的著作，努力鑽研形而上學。再者，我究竟是如何以及用什麼方式過活？簡而言之，我究竟是屬於哪一個階級或是哪一類人？在這一段期間，亦即，在一八一二年，我與一名單身的女僕（心懷邪念者蒙羞〔honi soit qui mal y pense〕）[45] 一起住在一

44 譯註：大學宿舍的寢室管理員多由女性擔任，在此暗喻女性為「易碎品」。

45 譯註：出自十四世紀中期，愛德華三世（Edward III，一三一二—一三七七）所設立的嘉德（Gar-

棟農舍小屋裡，這名女僕基本上都是以「管家」的名義周旋在我的鄰人之間。此外，身為一名學者以及受過良好教育的人，而且在這樣的意義上也是一名有著良好教養的紳士，我也許可以冒昧將自己歸於這個有**紳士**之稱卻曖昧不明的團體，其中默默無聞的成員之一。部分是基於我剛剛所指出的原因，部分則是因為我並沒有明顯可見的職業或工作，因此人們理所當然認為我必然是仰賴自己的私人財產過活；我的鄰居們也是如此將我歸類；而且，根據現代英國的禮節，郵寄給我的信件上，通常會寫上*Esquire*（**紳士**）的稱號，雖然我擔心在紋章官的嚴格解釋下，我大概不是非常有資格冠上如此高貴光榮的稱號；然而，從一般人的眼光看來，我就是**X. Y. Z.** 紳士[46]，而不是治安官，也不是司法行政官。我結婚了嗎？還沒。我仍在服用鴉片嗎？是的，在每個週六的晚上。而且，或許自從一八〇四年的「那個下雨的週日」及「莊嚴的萬神殿」以及那「至福喜樂的藥商」以來，我便開始厚顏無恥地持續服用鴉片？沒錯，正是如此。此外，在我服用了這麼多鴉片之後，我的健康狀況究竟如何？簡而言之，我現在如何？非常好，謝謝各位的關心，親愛的讀者；借用分娩婦女慣用的說法，就是「和可以預期的狀況一樣好」。事實上，如果我膽敢說出真正而簡單的事實，雖然為了滿足醫師的醫學理論，我**應該**說我病了，然而，在我一生之中，卻從未有過比一八一二年的春天更好的生活；而且，我的好讀者，我衷心地希望，在您的自然壽命中，以八年為期，或許曾經飲用和預計飲用波爾多紅葡萄酒（Claret）、波特紅葡萄酒（Port）、或是「講究的馬德拉白葡萄酒（Madeira）」的總量，很可能對您的健康造成的影響非常小，一如我於一八〇四至一八一二年這八年期間所服用的鴉片一樣，對我的健康影響非常少。因此，您或許會再一次看見從《阿納斯塔修斯》中擷取任何醫學建議的危險；就我所知，無論是就神學而言，或是就法律而言，《阿納斯塔修斯》的作者也許是一位安全的諮詢顧問，但絕對不是就醫學而言。不，像我一樣求教於巴肯博士，說不定更有幫助；因為我從未忘記這位可敬可佩的人所提出的出色建議，而且

---

ter）勳章的標語。

46 譯註：X. Y. Z. 紳士，德昆西匿名撰寫《告白》等文章時所使用的筆名。

我「特別謹慎小心，絕對不會服用超過二十五盎司的鴉片酊」。像我這樣適度地、有節制地使用此一藥物，我想是因為至少到目前（亦即，於一八一二年）為止，對於輕易濫用鴉片的人將來會面臨什麼樣的報復性恐怖，我仍是一無所知且毫無猜疑的。同時，還有一點不能忘記的是，到目前為止，我只是一個玩票性質的鴉片吸食者；我採取一種預防性的措施，亦即，我會在每一次放縱自己沉溺鴉片之後，與下一次間隔一段充分的時間，因此，即使我有八年服用鴉片的經驗，並不會使鴉片成為我的日常飲食中不可或缺的一物。但是，現在卻來到了另一個不同的時期。讀者，如果您願意的話，請您繼續前進至一八一三年。就在我們剛剛離開的這一年夏天，我因為一個非常令人憂鬱的事件[47]，而在精神上陷入了悲痛苦惱的狀態，連帶地影響了我的身體健康。這個事件與現在我說明的這個主題無關，除了造成身體疾病之外，我並不需要特別注意。一八一二年的這場大病，與一八一三年生的病之間是否有什麼相關，我其實並不清楚；但是，事實上，在後來的這一年，我遭受到最猛烈可怕的胃痛襲擊，從各個方面看來，這都跟我在年少時期蒙受的強烈痛苦一樣，並且伴隨著所有陳年舊夢的重演。這是我故事的重點，接下來我所有描述的內容是否能夠作為自我辯護，可以說都是取決在這一個重點上。再者，我發現自己在此陷入了一個進退維谷的困境：一方面，我必須用這樣一個關乎我慢性疾病的細節，或是關於我與此一病痛搏鬥的細節，將讀者的耐性消耗殆盡，如此，或許可以證明我再也無能為力與疼痛及持續不斷的苦難繼續搏鬥的事實；另一方面，輕描淡寫地講述我故事中的這個關鍵部分，但如此一來，我就必須放棄在讀者的心中留下一個更深刻印象的好處，而且必須讓自己接受讀者對我的誤解，認為從我服用鴉片的第一個階段至最後一個階段，只是一個自我放縱的人輕易且漸進的步驟罷了（從我過去的認知來推測，大多數的讀者都會傾向產生這樣的誤解）。這是一個進退維谷的困境：即使有著十幾二十列的讀者縱隊，而且不斷有新

47 譯註：德昆西非常疼愛華茲華斯的女兒凱薩琳（Catherine），她於一八一二年六月死亡，得年三歲。據說德昆西為此感到無限悲傷，在凱薩琳死後兩個月間，每夜前往格拉斯米爾教會墓地的凱薩琳墓前，悼念懷想她生前歡笑遊樂的模樣。

手前來更替交接，這第一道關卡便足以阻擋與驅散任何一列有耐性的讀者；因此，上述**這些**都不是一個值得考慮的做法。如此一來，我能做的，便只是**主張**一些對於我要達到的目的而言必要的事實而已。此外，我的好讀者，既然都是以犧牲您和我自己的耐心為代價，就請您對我所主張的一切事實，一如我所證明的一般，給予完全的信任。同時，也請不要如此心胸狹隘，讓我在寬容自己以及讓您舒適的考量下，還要承受您的批判與評價。不；請相信我對您的所有請求，換句話說，請相信我在當時真的已經無力做出任何抵抗；請您寬大開明地，彷彿是一種對我的恩典似的，或者僅是出於一種謹慎小心的態度，相信我所說的一切；因為，假使您還是不相信的話，我會在下一版的《鴉片吸食者的告白》修訂增補版本中，讓您完全信服並且感到渾身戰慄；而且，我也會憑藉**一股惱人的力量**，一種讓人哈欠連連的力量，讓我所有的讀者感到驚慌恐懼，讓他們從此不再質疑任何我認為適切的主張。

因此，讓我再重複一次，我主張的事實是：在我開始每日服用鴉片的時候，其實也是別無選擇，情非得已。的確，即使在我看來，所有的努力其實都是徒勞無功的，但關於我後來是否沒有成功戒掉這個習慣、我所**嘗試過**的無數努力是否有許多未能持續貫徹下去，以及我也許沒有更積極地用進一步的行動來逐步收復我的失土——這些都是我必須拒絕回答的問題。如果我回答的話，也許可以為自己提出辯解，藉以證明自己是有理的；但是，問題是，我是否應該直率地回答這些問題？我承認，就這樣一種不斷纏擾著我的軟弱的問題而言，我實在可以稱得上是一位幸福主義者[48]；我太過於熱切追求一種幸福的狀態，不管是為了我自己的緣故，或者是為了他人的緣故；我無法用一種足夠堅定的眼光，來面對無論是我自己的或是他人的苦難，而且幾乎沒有能力為了將來任何一種可能享有的好處，來迎戰現階段所遭受的痛苦。在其他的一些問題上，我可以同意曼徹斯特棉織物業[49]的紳士對斯多噶哲學[50]之影響，但不

48 譯註：幸福主義者（**Eudaemonist**），亞里斯多德認為，幸福乃為最高的善，是倫理的終極目的、行為的基準。

49 在我行經曼徹斯特時，當地幾位可敬的紳士非常客氣地允許我進入一間美觀氣派的新聞雜誌閱覽室，我想那間閱覽室的名稱就叫做「柱廊」（The Porch）〔譯註：古希臘哲學家芝諾（Zeno，

認為他們對此一問題也具影響力。在這裡，我要冒昧地充當一位折衷主義哲學家，並且尋找一些謙遜有禮且關懷體諒的學派，願意用更親切體貼的態度，來看待鴉片吸食者這種軟弱的狀態；一如詩人喬叟所說的，他們是「赦免我們罪過」、「親切仁慈的人」[51]，願意對像我這般可憐的罪人身上所強加的贖罪苦行，以及強迫我們付諸禁欲努力的難行，表現出一些愧疚不安。在我這種神經質的狀態下，我已經再也無法忍受任何一個沒人性的道德主義者，就如同我無法忍受沒有烹煮過的生鴉片一般。不管怎麼說，要求我在任何一場道德改進的巡航旅程中，都要生出大量的自我克制與禁欲苦行等沉重貨物的人，都必須先讓我清楚地理解到，這樣艱困的工作在未來是充滿希望的。在我的一生中（我現年三十六歲），我不認為我還有許多多餘的精力可以使用；事實上，我發現對於我現今所需的知性勞動而言，我所剩的精力已經有些不堪負荷，因此，請不要再讓任何人有機會用一些嚴厲刻薄的話語來嚇唬我，要求我將部分的精力投入那些絕望的道德冒險之中。

然而，無論絕望與否，我於一八一三年掙扎苦鬥的結果，便是現在我所描述的這個樣子，而且，從那個時間點開始，讀者可以將我視為一個定期且服用成癖的鴉片吸食者，面對這樣一個人，詢問他是否在某天曾經服用或者沒有服用鴉片，就像是詢問某天他的肺是否進行了呼吸運動，或者某天他的心臟是否發揮了功能一般。讀者，您現在可以瞭解我是一個什麼樣的人，而且，您現在也可以逐漸察覺到，即使是一個「蓄著雪白鬍鬚的」老紳士，也沒有任何機會說服我交出那個「盛裝有害藥物的金黃色小容器」。不：不管是道德主義者，

西元前三三五？—前二六三年？）由於常在雅典的「門廊」（希臘語發音為「斯多噶」）講學，故成為斯多噶學派的名稱由來）；我在曼徹斯特是一個陌生的外地人，我由此來推論這些訂閱者有意聲稱自己為芝諾的追隨者。但是，之後我已經查明這樣的推論是一個錯誤。

50 譯註：斯多噶哲學（**Stoic philosophy**）：古希臘與羅馬帝國的思想流派，主張順應自然的理性而生活，這是唯一的善，如此才是快樂和幸福的根源；由於注重自我節制，故有禁慾主義的傾向。衍生至現代後，「斯多葛」一詞另有指對痛苦、快樂、悲傷或喜悅漠不關心之人。

51 譯註：引述自傑弗里·喬叟（**Geoffrey Chaucer**，一三四三—一四〇〇年）的《坎特伯里故事集》（*The Canterbury Tales*）序詩第二二一—二二二行：**Ful swetely herde he confessioun, And plesaunt was his absolucioun**。

或是外科醫師，我要敬告所有人，無論他們在各自的專業領域中提出什麼樣的自負主張以及擁有什麼樣的高度技能，倘若他們開始宣揚任何禁食鴉片的四旬齋[52]或齋戒月[53]的野蠻建議，就絕對別指望從我身上獲得任何的支持。因此，在我們彼此之間都充分地理解了這一點之後，我們便可以在未來順利揚帆啟航。現在，讀者，如果您願意的話，就請起身告別這個我們總是閒坐著消磨時光的一八一三年，往前推進大約三年的時間。現在，帷幕將拉起，而您會看見我以一個全新的角色出現在舞台上。

假使有一個人，不管他是窮人還是富人，跟我們說，他要告訴我們關於他一生中最快樂的一天，以及為何如此的種種前因後果，我想我們全都應該高聲歡呼——聽他說！聽他說！至於要如何確定是最快樂的一**天**，我想對於任何一位聰明睿智的人來說，都必然是一件非常困難的事情，因為任何一個事件，可以在他一生的回顧中佔據如此顯著的一個位置，或者在任何一天裡，唯獨這一天散發出一種特殊的幸福快樂氣息，這個事件本身應該具有一種永恆持久的特性，換句話說，應該（除非有意外事件發生）在經過多年之後，依然持續散發出同樣幸福快樂的氣息，或者至少沒有明顯地變少。但是，若是關於最快樂的**五年時間**[54]或者甚至是最快樂的**一年**，我想任何一個人都可以有條不紊地清楚指明出來。讀者，就我的例子來說，這一年就發生在我們現在抵達的這一年。儘管我必須坦承，這一年其實是在陰鬱黯淡的歲月裡出現的一個插曲。那是猶如（借用珠寶商的話來說）鑽石般璀璨奪目的一年，被鑲嵌也被隔離在鴉片的陰鬱與煙霧朦朧的憂鬱情懷中。聽起來或許很奇怪，在這段時間的稍早之前，我突然開始減少鴉片的用量，而且沒有花費很大的努力，便從一天三百二十喱的鴉片（換言之，八千滴[55]劑量的鴉片酊）降低至四十喱，也就是說，減到

---

52 譯註：四旬齋（Lent），基督徒的齋戒期，復活節前四十天開始，這段時間必須齋戒及懺悔。

53 譯註：齋戒月（Ramadan），伊斯蘭教的齋戒期，伊斯蘭曆的九月，信徒在這個月每天從日出禁食到日落為止。

54 譯註：五年時間（lustrum）：古代羅馬每五年舉行一次人口普查，自此此一詞彙一般使用來指稱五年的時間。

55 根據我在這裡的估算，二十五滴鴉片酊相當於一喱的鴉片，我相信這是非常普通的換算法。然而，由於無論是鴉片或是鴉片酊，這兩者都可視為可變的參數（生鴉片在濃度上的差異很大，

只有八分之一的使用量。霎時之間，彷彿魔術一般，殘留在我腦海中最深沉的憂鬱雲朵，就像我曾經見過的、從山頂上滾落下來的黑色雲霧一般，在一晝夜（νυχθήμερον）之間驟然褪去，消失不見：彷彿一艘在岸邊擱淺，任隨大潮起伏漂泊不定的船隻，連同晦暗陰森的旗幟一起消失不見——

假使它會移動的話，全都會跟著一起移動。[56]

如今，我又再次感到幸福快樂；現在的我每天只服用一千滴劑量的鴉片酊；而這代表什麼意思呢？晚春的到來，結束了青春的季節：我的頭腦比起以往的任何時刻都更為健全地發揮功能；我重新拾起康德來閱讀，並且對他有了新的理解，或者幻想我對他有了新的理解。我的幸福愉悅感再次延伸擴展至我周遭的所有事物；如果有人從牛津或者劍橋（或者從這兩者之外的其他城市）前來拜訪我這棟樸實無華的農舍小屋的話，我應該會以身為一個如此貧窮拮据的人盡可能提供的奢華，來歡迎接待他吧。無論一位智者的幸福快樂裡還欠缺什麼，我都會為我的客人提供鴉片，盡可能依照他所希望的份量，並且用一個金黃的杯子盛裝。而且，既然現在說到了提供鴉片酊一事，我再順便講一個故事，我記得大約是在這段期間曾經發生一個小事件；我之所以提到它，因為儘管它是如此微不足道的一個小事件，但讀者很快會在我的夢境裡再次遇見它，因為它對我產生的影響比起想像中更可怕深遠。有一天，一位馬來人來敲我的門。一個馬來人來到英格蘭的深山裡，到底可以做些什麼生意，我無從推測，也完全摸不著頭緒；但是，他很可能是在前往大約四十英里遠的一個海港的路上。

為這位馬來人開門的女僕是一個年輕的女孩，她在這深山裡出生長大，從未見過任何一種亞洲的服飾；因此，他頭上包的頭巾使她感到些許困惑；而且，當她發現他的英語能力，就和她的馬來語造詣一般，程度可謂不相上下之

鴉片酊則差異更大），因此我認為這樣一種估算事實上很難達到一種細微的準確性。就和鴉片的濃度一般，茶匙往往也有不同的大小差異。小一點的茶匙約可容納一百滴的量；因此八千滴便大約是八十份茶匙的量。讀者可以看見，我是如何堅守在巴肯博士寬容的限量範圍之內。

56 譯註：引述自華茲華斯的長詩《果斷與獨立》（*Resolution and Independence*）第七七行。

時，即使任何一方碰巧抱有與對方溝通的意圖，但在他們之間所有的思想交流與溝通，似乎就存在著一道無法逾越的鴻溝。在這樣一個進退兩難的情境下，這個女孩突然想起她的主人是一位學識豐富的人（而且，她大概對自己的主人擁有關於地球上所有語言的知識一事感到深信不疑，也許還懂得一些月球的語言），她來到我的房間，告訴我樓下來了一個像惡魔一樣的人，而她的心裡非常清楚知道，我的法術可以將這個惡魔從這棟房子裡驅除出去。我並沒有馬上下樓，但是當我終於走下樓之時，那並非精心計畫、只是偶然配置而成的整個群像，卻以一種宛如歌劇院的芭蕾舞劇中、雕像般的優美體態那般華麗繁複又從未有過的方式，佔據了我的幻想與目光。在一棟農舍小屋的廚房裡，站著一個馬來人，廚房牆壁的深色木頭鑲板，由於年代久遠及飽受摩擦而有些類似橡木板，因此整個空間看起來與其說是廚房，更像是一個鄉下質樸的玄關大廳，這個馬來人的頭巾和有些骯髒邋遢的寬鬆白褲子，在他身後的深色木頭鑲板襯托下更顯突出。他將自己更靠近那個女孩一些，卻招來她更深的嫌惡，儘管她有山地兒女與生俱來的大無畏精神，但正與一種單純的畏怯感相抗衡，所以她臉上流露出像在注視眼前有隻野貓（tiger-cat）的表情。而且，這個女孩美麗的、有著英格蘭特色的臉孔，及其精緻的白晰亮麗，再加上她筆直挺立且獨立自主的態度，與馬來人曝曬在海風中赤褐色的光澤或掩飾下的蠟黃和膽汁色皮膚，以及他細小、猙獰、浮躁不安的眼睛，淺薄的嘴唇，卑躬屈膝的姿態與恭敬模樣，兩人形成了強烈的對比，想像中沒有什麼可以比這樣一幅景象更令人倍感驚訝了。半隱藏在這個外表看似兇暴野蠻的馬來人身後的，是一個從鄰近農舍來的小孩，他悄悄地尾隨而來，現在正轉過身，抬頭凝視那包覆的頭巾及其下一雙火紅的眼睛，由於恐懼，他同時用一隻手抓住這位年輕女性的裙角，尋求保護。我對於東方語言的知識並不是非常廣泛，事實上，就僅限於兩個詞彙而已——阿拉伯語的大麥和土耳其語的鴉片（madjoon），這是我從《阿納斯塔修斯》那裡學來的；而且，因為我既沒有馬來語辭典，甚至也沒有阿德隆的《米特里達梯》[57]，這些書籍或許可以幫助我瞭解幾個字，我於是將《伊里

57 譯註：約翰·克里斯多福·阿德隆（Johann Christoph Adelung，一七三二—一八〇六年），為中

亞德》58裡的幾行詩唸給他聽，考慮到在我認識的所有語言中，就經度而言，只有希臘語在地理上最接近東方語言。他用非常虔誠恭敬的態度向我施禮，並且用我認為是馬來語的語言來回應我。如此一來，我保全了我在鄰居之間的聲譽，因為那個馬來人無法洩漏我其實不懂馬來語的秘密。他在地板上躺了大約一個小時，然後繼續他的旅程。在他啟程之時，我送給他一片鴉片。對於一個東方人來說，鴉片對他而言必然不陌生，這是我的推斷；而他臉上流露出來的表情，也讓我確信的確如此。但是，當我看見他突然舉起手放到嘴邊，並且（用小學生的話來說）狼吞虎嚥地將分成三小塊的鴉片一口氣全放進嘴裡，我感到有些驚慌失措。他吞掉的鴉片份量，足以殺死三個龍騎兵及他們的坐騎，我為這可憐的男人感到些許的驚恐擔心；但是，我還能做些什麼？我因為同情他孤單無伴的生活而給了他鴉片，想起如果他是從倫敦徒步旅行而來的話，他必然已經有差不多三個星期的時間，沒有與任何人有過心靈思想上的交流。但是，我無法想像要我違反殷勤的待客之道，無禮地抓住他，強灌他藥水催吐，並且因此使他感到無比恐懼，以為我們要拿他作為獻給英格蘭一些偶像神祇的祭品。不：這樣的舉動很明顯地沒有任何幫助。他向我們辭別，繼續展開他的旅程，我在接下來的幾天感到十分焦慮，但是，之後我並未聽說有任何一個馬來人被發現曝屍荒野，於是，我開始確信他已經非常習慣[59]鴉片；而且，我所設計與提供給他的這個服務，必然使他暫時忘卻了漂泊旅程的痛苦，獲得一晚寧靜的安息。

世紀德國語言學者。他的著作《米特里達梯》（*Mithridates*），正確名稱為《米特里達梯，或者一般語言學》（*Mitheridates, foder Allgemeine Sprachenkunde*）。米特里達梯為西元前二世紀左右的安那托利亞本都王國的國王，據說精通二十二國語言。

58 譯註：《伊里亞德》（*Iliad*），古希臘詩人荷馬的偉大史詩，講述關於特洛伊戰爭的衝突。

59 然而，這並不是一個必然的結論；鴉片對於不同體質所產生的效果，乃是有著無限多的可能性。一位倫敦的治安官（《哈里奧特的人生奮鬥歷程》（*Harriott's Struggles through Life*），第三卷，第三九一頁，第三版）曾經記錄道，在他第一次嘗試使用鴉片酊來減輕自己痛風的痛苦時，他服用了**四十滴**，隔天晚上**六十滴**，並且在第五個晚上**八十滴**，但都沒有什麼效果；而且這還是一個高齡者的例子。然而，我有一個從一位鄉村醫生那裡聽來的趣聞軼事，這會讓哈里奧特先生的例子淪為一個笑話；倘若醫師協會願意付錢給我，請我開導他們對於此一主題的愚昧無知的話，我會在計畫發表的一篇關於鴉片的醫學論文中，提到這個趣聞軼事；但是，這個故事實在是太有趣了，不能就這麼免費發表。

我不得不偏離主題去提到這樣一個事件，因為這個馬來人（部分是因為他協助構成了一幅栩栩如生的、猶如畫般的美妙光景，部分則是因為我在接下來的數日裡與他的意象結合在一起的焦慮感）在我往後的歲月裡便不斷糾纏縈繞在我的夢境裡，並且還帶來了其他的馬來人，他們比他還過分，居然「殺氣騰騰地」60衝向我，讓我陷入苦惱折磨的世界裡。但我們現在應該停止講述這段插曲，回到我那宛如閏年般、夾在苦難不幸歲月中幸福快樂的一年。我之前已經說明過，關於這樣一個對於我們所有人而言如此重要的、所謂幸福快樂的主題，我們應該懷抱著歡欣愉悅的心情，來傾聽任何一個人的經驗或者實驗。即使他不過是一個駕著拖犂馬車的鄉下青年，我們不能期待他可以在好比說人類的痛苦與快樂這樣一塊複雜棘手的土地上掘土深耕，或者根據任何一些非常進步開明的啟蒙原理來引導他的探索，我們仍要傾聽他的聲音。但是，無論是固體的或是液體的形態，無論是熬製過的或是未熬製過的，無論是東印度產的或是土耳其產的，我都曾經從中獲得了幸福快樂——這就宛如用一種直流電池來為這樣一個有趣主題進行我的實驗，並且為了世界上普羅大眾的利益，每天給自己接種八千滴的鴉片酊（基於相同的理由，有一位法國的外科醫生最近給自己接種了癌細胞，有一位英國的醫生在二十年前給自己接種了黑死病菌，以及還有一位我不知道是哪個國家的醫生，給自己接種了狂犬病菌），**我**堅信我一定比任何人都要瞭解幸福快樂的真髓是什麼（這有一天一定會成為大家公認的事實）。因此，我將在這裡對幸福快樂提出分析；而且，我要用一種最有趣的方式來傳達，因此，我並不打算採取一種說教的方式，而是從那宛如閏年般的日子中，挑選出其中的一個夜晚來分析——那段期間，雖然我每日都會服用鴉片酊，但對我而言，真的就是幸福快樂的萬靈丹。這樣的說明結束後，我就會徹底離開幸福快樂的話題，轉向另一個截然不同的主題——**鴉片的痛苦**。

有一棟農舍小屋座落在山谷裡，距離鄰近的市鎮大約有十八英里遠——這座山谷並不廣闊，長約兩英里，平均寬度約四分之三英里；這座山谷的所在

60 關於因為服用鴉片或者因為賭博的壞運氣而陷入絕望的馬來人犯下的瘋狂暴行，請參閱任何一位東方旅行者或航海家的著作中一些常見共通的記述。

位置有一個好處，亦即，在此一區域範圍內居住的所有家庭，似乎在人際關係上都對彼此相當熟悉，並且或多或少對彼此懷有感情，因而形成了一個更廣大的家族關係。周遭的山脈都是不折不扣的高山，高度都介於三千至四千英尺左右，而這棟農舍小屋也是一棟不折不扣的農舍小屋，並不是（如同一位詼諧機智的作者所說的）「一棟有著雙人馬車房的農舍」61；事實上（因為我必須忠實陳述真實的場景），那是一棟白色的農舍小屋，掩藏在繁花盛開的灌木叢中，在春季、夏季和秋季的所有月份裡，小屋的牆上會依序綻放不同時節的花卉，並且群聚在窗戶的周邊——實際上的情況是，從五月的薔薇初綻為開端，最後以茉莉的綻放做尾聲。但是，現在要想像的既**不是**春天，也不是夏天或是秋天，而是最冷冽嚴寒的冬天。這是在幸福學裡最重要的一個關鍵點。我對人們總是忽略此一關鍵處，並且認為冬天的離去是一件可喜可賀的事情，或者即使來了也可能不是一個嚴峻冬天的想法，感到相當驚訝。相反地，我每年都會向上天祈求，希望今年盡可能降下更多的雪、冰雹、冰霜、或者暴風雪，無論是這其中的哪一種，只要上天有可能提供我們的話。當然，每一個人都可以意識到這是一個多麼神聖美好的場景：冬天圍坐在壁爐旁取暖，下午四點鐘便點燃蠟燭，踩在溫暖壁爐前的地毯上，泡上一壺茶，擺上精巧的茶具，關上百葉窗，窗簾的寬邊縐褶垂掛在地板上，與此同時，窗外的風雨正無情猛烈地呼嘯著，

不停敲打著門窗，好似在召喚什麼，
天與地彷彿就要彼此融合在一起般；
但它們根本找不到任何最狹小的入口；
我們在堅實的大廳裡安穩地休息，由此滋長出甜美芬芳。

——《怠惰之城》**62**

61 譯註：引述自羅伯特．騷塞（Robert Southey，一七七四—一八四三年）的詩《魔鬼的散步》（*The Devil's Walk*）第八詩節中的詩句。

62 譯註：《怠惰之城》（*Castle of Indolence*），詹姆斯．湯姆森（James Thomson，一七〇〇—一七四八年）的代表作，第四十三篇第五—九行。

上述這些全都是在描述一個寒冬的夜晚時不可或缺的東西，這對於每一個出生在高緯度地區的人而言，都必然是非常熟悉的。而且，很明顯地，絕大多數的美食佳餚（例如冰淇淋）都需要非常低的大氣溫度才能製造出來；若沒有劇烈的氣候變化，或是某種形式上嚴酷惡劣的天候條件，它們便無法生長為成熟果實。我並非如同人們所說的「**擇善固執**」，堅持一定要飄下大雪，或是結下黑霜[63]，或是吹起（如同□□□〔克拉克森〕[64]先生所說的）「您可以像靠在一根柱子上一樣用背頂著」的猛烈強風。即使只是下起傾盆大雨，我也可以勉強接受；但是，無論如何，我都必須擁有這類的氣候環境，假使不能擁有的話，我會認為自己在某種意義上遭到不公平的對待；因為倘若我無法得到這些的話，我為什麼要花那麼多錢過冬、購買煤炭和蠟燭，以及補充各式各樣即使紳士也會匱乏的生活必需品？不，給我一個加拿大的冬天，作為我眾多花費的回報，或者給我一個俄羅斯的冬天，在那裡，每一個人都不過是北風的共同所有人罷了，用他自己的耳朵來享有北風的絕對所有權。的確，就這點而言，我真的是一個非常講究的享樂主義者，如果過了聖湯瑪斯節[65]這一天，我便無法充分享受冬天的夜晚，而且必須墮落退化成令人厭惡的春天景象。不，我必須用一道漆黑夜晚的厚牆，來將我深愛的這個季節區隔開來，以防止所有的亮光與日光的回返。因此，從十月下旬開始，一直到聖誕夜的這段期間，乃是幸福繽紛綻放的時節，據我判斷，這是端茶盤進入房間的日子；因為茶，始終是最受知識份子喜愛的飲料，儘管會被那些生來神經就很大條，或者因為飲用葡萄酒過度而變得神經大條的人，以及那些不太容易受到這種精緻刺激物影響的人所嘲笑；至於我，我想我會加入約翰生博士對抗喬納斯・漢威[66]的**毀滅性戰爭**（*bellum internecinum*），或者對抗任何其他膽敢詆毀貶損茶這個神聖高貴飲

63 譯註：黑霜，指當水蒸氣很少且氣溫很低時結下的霜，會使植物的葉子與嫩芽變黑。

64 譯註：湯瑪斯・克拉克森（Thomas Clarkson，一七六〇—一八四六年），有名的奴隸制廢止運動者，華茲華斯兄妹的友人。

65 譯註：聖湯瑪斯節（St. Thomas's day），十二月二十一日，這一天的夜晚是一年中最長的夜晚。

66 譯註：喬納斯・漢威（Jonas Hanway，一七一二—一七八六年），旅行家、慈善家。漢威在他的著作中對飲茶冷嘲熱諷，遭受約翰生的批評，兩者之間因此引發激烈的爭執。

料的大不敬之人。然而，為了讓自己省去過多口頭描述的麻煩，我要讓一位畫家在這裡登場，並且給他指示，讓他幫我完成這幅畫的其他剩餘部分。畫家們都不喜歡白色的農舍小屋，除非上頭有許多日曬雨淋所沾染上的污漬瑕疵；但是，讀者現在已經知道，這是一個冬天的夜晚，因此這位畫家所需要提供的，就只是房屋內部的詳細描繪而已。

首先，請幫我畫一個長十七呎，寬十二呎，且高度不超過七尺半的房間。讀者，這個房間多少有些炫耀矯情的風格，這在我的家族裡被稱為客廳；但是，它也被設計成「一個具有雙重功能的房間」[67]，而且同時，可以更恰當的稱之為書齋，因為恰巧我的書是唯一顯示出我比周遭鄰居更富有的財產。我的藏書大約有五千冊，是我從十八歲開始逐步蒐集而來。因此，畫家先生，請您盡可能在這個房間裡畫上大量的書籍。讓這個房間裡四處布滿書籍，接著，再為我畫上一簇在壁爐裡熊熊燃燒的火焰，以及一些簡單樸素的家具，相稱於一個學者樸實無華的農舍小屋。然後，在壁爐的火焰旁，為我畫上一張茶桌，並且（因為很明顯地不會有人在這樣一個暴風雪的夜晚前來拜訪）只要在茶盤上擺上兩套茶杯和茶碟；此外，如果您知道如何用一種象徵性的或者其他方式來畫出這樣一個東西的話，請您為我畫上一個永恆的茶壺——一**個永恆無限的過去**（*à parte ante*）及一**個永恆無限的未來**（*à parte post*）[68]；因為我通常從晚上八點開始到隔天凌晨四點的時間裡喝茶。另外，由於自己泡茶或者自己倒茶是一件非常不愉快的事情，請幫我畫上一位年輕可愛的女孩坐在茶桌旁。將她的手臂畫成像黎明女神奧羅拉[69]的手臂一般，將她的微笑畫成像青春女神赫柏[70]的微笑一般。但是，不，親愛的M〔瑪格麗特〕，即使不是玩笑話，我還是得迂迴婉轉地讓妳知道，妳照亮我農舍小屋的力量，是建立在一個身體美貌

---

67 譯註：引述自愛爾蘭詩人奧利佛·戈德史密斯（Oliver Goldsmith）的詩作《廢棄的農村》（*The Deserted Village*，1770）中關於一棟農舍小屋內部的描述。

68 編註：這兩個詞出自經院哲學（scholastic philosophy），皆代表「永恆」之意，因為人類認為永恆是由兩個部份組成，一個是沒有限制的過去，一個是沒有限制的未來。二者皆可推論神聖的存在。

69 編註：奧羅拉（Aurora），古羅馬神話司掌黎明的女神。

70 編註：赫柏（Hebe），古希臘神話司掌青春的女神，宙斯與希拉之女。

會枯萎易逝的任期上，或者，妳宛如天使般的微笑魔力，就存在於這個塵世上隨便一支畫筆開創出來的帝國裡。接下來，我的好畫家啊，就您的能力所及再繼續畫些什麼吧；接著，下一個出現在畫裡的，當然應該就是我自己——一幅鴉片吸食者的畫像，連同擺置在他身旁桌子上的「盛裝有害藥物的金黃色小容器」。至於鴉片的部分，雖然我比較想看見的是原物，但是看見一幅描繪**它**的畫，其實也不是那麼令人討厭。假使您願意的話，您可以選擇將它畫出來，但我要告訴您，即使是在一八一六年，也沒有任何一個「小」容器可以滿足**我**的需求，因為當時我住的地方，與「莊嚴堂皇的萬神殿」以及所有的藥材商（無論他們是否真的存在這個世界上），距離都非常遙遠。不，您當然也可以畫出真實的容器，該容器並不是黃金製的，而是玻璃製的，而且盡可能像是一支葡萄酒瓶一樣。您可以在這支瓶子裡裝入一夸脫紅寶石色的鴉片酊；在它的旁邊擺上一本形上學的德文書，這就足以作為我的確在這附近生活的證明。然而，關於我自己的部分——我在這裡躊躇不已。我承認，我當然應該位居這幅畫中最顯著的位置；但是，我也承認，身為這幅畫的主角，或者（如果您選擇這麼說的話）站在法庭護欄裡的罪犯，我的身體應該會被帶上法庭接受審判。這似乎是非常合理的；但是，我為什麼要在這個節骨眼上對一位畫家坦承告白？又或者，我為什麼需要坦承告白？如果社會大眾（我現在是私下對著他們附耳低語，偷偷地講述我的告白，而不是對著任何一位畫家）嘗試自己構思一個比較討人喜歡的鴉片吸食者外貌的圖像，他們會用非常浪漫的方式將他想像為一個舉止優雅的人，或者有一張英俊的臉孔，那麼，為什麼我要粗暴地撕毀這樣一個圖像，以及打破這樣一個令人愉快的妄想？——不管是對社會大眾或是對我自己而言，都是令人愉快的妄想。不；如果要畫的話，就請依循您的想像力來描繪我，因為在畫家的想像裡，應該充滿著各式各樣美好的創造物，因此，無論如何我都會是一個得利者。現在，各位讀者，我們已經迅速地瀏覽了大約從一八一六至一八一七年的期間，我經歷過所有十種範疇[71]的狀態。一直到一八一

71 譯註：十種範疇（**ten categories**），出自亞里斯多德的《範疇論》（*De Categoriae*），指實體、數量、性質、關係、場所、時間、姿勢、狀態、動作、承受共十大基本的存在。

七年中旬為止，我自認為是一個幸福快樂的人，而這種幸福快樂的要素，我已經盡可能努力呈現在您眼前，包括前文描繪一個學者書齋的內部略圖，隱居在深山裡的一棟農舍小屋，以及一個吹著暴風雪的寒冬夜晚。

但是，現在，我就要與幸福快樂告別——一場漫長的告別——無論是冬天或是夏天，再也無法相見！再見，我的歡笑與喜悅！再見，我寧靜平和的內心！再見，我的希望與安穩平靜的夢境，以及受上天祝福的睡眠慰藉。因為有三年半以上的時間，我都是與所有這些幸福快樂遠遠隔離的。現在，我已經進入伊里亞德敘事詩的災難時代，因此，現在我必須開始記錄。

鴉片的痛苦

就如一些偉大的畫家將他的畫筆
浸入地震與日蝕的闇黑深淵之時一般。

——雪萊的《伊斯蘭的反叛》

迄今為止仍舊不離不棄陪伴著我的讀者，我必須在這裡懇請您注意關於以下三點的簡短說明：

一、基於諸多的原因，我沒有辦法將我敘述的故事中關於此一部份的筆記，譜寫成任何一種井然有序且前後連貫的形式。我在這裡所呈現的，就是當時找到這些筆記之時雜亂無章的原貌，或者是現在剛從記憶裡將它們翻找出來的支離破碎的模樣。有一些筆記上頭原本已經標示日期，有一些是我後來標記上去，有一些則是未註明日期。無論其日期為何，只要能夠合乎我根據自然順序或者時間先後順序將它們移植過來的目的，我不會為此感到遲疑或者有所顧忌。有時候我會用現在式來說話，有時候會用過去式。這些筆記之中，也許很少是正在它們所記錄的事件發生期間所寫；但是，這幾乎不會影響它們的準確性，因為它們留給我的印象如此之深，絕對不會從我的腦海裡褪色消失。很多的部分已經省略掉。我無法輕易地強迫自己從事艱苦的回想工作，或是將它們構思成一個井然有序的敘述故事，這會使我整個腦海裡籠罩著恐怖的重荷。這樣的感覺一方面是我用來辯解的藉口，另一方面則是因為我現在身在倫敦，又是一個孤苦無依的人，我甚至無法在沒有任何協助之下整理好自己的書類文件；再者，那位平時經常為我抄錄筆記的記事員[72]，現在與我相隔甚遠。

二、您或許會認為我談論且保留太多關於自己的私人經歷。或許真的是如此。然而，我的寫作方式比較傾向於自言自語，並且順著自己的詼諧幽默來從事書寫，而不太考慮究竟是誰在傾聽我說話；假使我停下來思考對這個人或者對那個人說些什麼才是合宜的話，我應該很快就會開始懷疑我敘述的故事中是否每一個部分都是合宜的。事實上是，我將自己設定在現在這個時間點的十五年或二十年前，並且假設自己正在書寫給將來可能對我抱有興趣的人；此外，我也希望可以留下一些關於這段時間的紀錄，因為除了我之外，沒有任何人能夠知道這段時間的完整歷史，因此我會盡我現在所能做的努力，盡可能完整地記錄下來，因為我不知道自己是否還有機會再次展開這樣的紀錄工作。

三、您可能經常會問，為什麼我不乾脆停止或者減少服用鴉片，來幫助自己擺脫鴉片的恐怖？關於這個問題，我必須在此提出簡短的答覆：您或許會認為我太容易耽溺於鴉片的誘惑；然而，您或許無法想像任何一個人都有可能受到鴉片的恐怖魅力所吸引。因此，讀者可以肯定的知道，我的確做過無數次減少鴉片服用量的嘗試。我還要補充的是，曾經目睹我在做這些嘗試時所遭遇極度痛苦的人，且並非我自己，乃是最先懇求我打消戒除鴉片念頭的人。但是，難道我不能每天減少一滴的服用量，或者藉由增加水量來將一滴稀釋成二等分或者三等分的份量嗎？將一千滴稀釋成二等分來減量的方法，就需要花費將近六年的時間，這樣的方法肯定無法達到任何功效。然而，這是在經驗上對鴉片

72 譯註：這裡指的是德昆西的妻子瑪格麗特。

一無所知的人們經常犯下的常見錯誤；我要呼籲那些有過鴉片經驗的人，無論您們是否總能發現，將鴉片降低至某種程度的服用量，事實上是相當輕鬆，甚至可以帶著愉悅的心情做到，但是，一旦超越那個點之後，再繼續減量就會導致極度強烈的痛苦。是的，許多不顧他人感受、根本不知道自己在說些什麼的人會說，不過是在少數幾天的時間裡，感受到一些精神委靡和憂鬱沮喪罷了。我會回答，不；那根本不是什麼精神委靡低落；相反地，身體中純粹動物性的血氣精力會異常高漲：心跳脈搏會獲得改善，健康狀況也會大有起色。但是這並不是真正的苦難所在。它與戒絕葡萄酒所引發的痛苦並無任何相似之處。它是一種無法用語言形容的、胃部的刺激噪動狀態（那肯定不像是憂鬱沮喪的狀態），同時伴隨著旺盛猛烈的發汗症狀，以及其他一些感受，但在沒有足夠的紙張空間可供我使用的情況下，我不該再嘗試多加描述。

現在，我將「**直接切入本題**」，並且從我的鴉片痛苦可說臻於**頂點**的時候開始，預先說明它們對心智機能產生的麻痺和癱瘓作用的始末經過。

我的研究學習已經中斷了很長一段時間。即使是閱讀給自己聽，也無法帶給我任何愉悅的感受，甚至一時半刻都無法忍受。但是，有時候我會為了帶給他人愉悅的感受而出聲朗讀，因為朗讀是我的得意才藝之一，而且就一般俚語中將「**才藝**」一詞視為一種膚淺與裝飾性才能的用法而言，這幾乎就是我所擁有的唯一一項才藝；而且，以前，假使我曾經對自己擁有的天賦或才能感到虛榮自負的話，那一定就是朗讀，因為我觀察到沒有哪一項才藝像朗讀這般稀奇罕見。演員根本是最糟糕的朗讀者：□□□〔約翰·肯布勒〕[73]的朗讀非常糟糕；而演員名聲如此響亮的□□□〔西登斯〕[74]女士，除了戲劇腳本之外，她

73 譯註：約翰·肯布勒（John Kemble，一七五七—一八二三年），英國演員，當代最著名的莎士比亞演員。

74 譯註：莎拉·西登斯（Sarah Siddons，一七五五—一八三一年），英國女演員，約翰·肯布勒的姐姐，戲劇史上最有名的莎士比亞女演員，以馬克白夫人的角色聞名。

什麼都無法適切地朗讀出來：她朗讀米爾頓的詩，我怎麼樣也無法忍耐傾聽入耳。一般人要不是絲毫不帶熱情的朗讀詩歌，不然就是逾越了自然的適當限度[75]，不像學者那樣朗讀。最近，若要說我在自己大聲朗讀時，曾經為書中任何事物大受感動的話，那肯定就是《力士參孫》[76]的崇偉哀嘆，或者是《復樂園》中惡魔撒旦的一席話所呈現的偉大和諧。有時候，會有一位年輕的女士[77]來我家與我們一同飲茶：在她與M〔瑪格麗特〕的請求下，我偶爾會朗讀W〔華茲華斯〕的詩給她們聽。（順帶一提，W〔華茲華斯〕是我遇過的詩人裡，唯一一位能朗讀自己詩歌的人：實際上，他的朗讀常常相當美妙出色。）

如果我沒記錯的話，大概有將近兩年的時間，除了一本書之外，我沒有閱讀過任何書籍：為了回報我從這本書中蒙受的極大恩惠，我一定要在這裡提到這本書的書名，聊表我對作者的感激之情。如同我已經說過的，我仍會朗讀那些更為出類拔萃且更為熱情洋溢的詩人作品，即使只是偶爾為之，而且經常是斷斷續續的。但是，我自己也非常清楚知道，我的本職在於分析理解能力的實際運用。可是，現在的分析研究絕大多數有其連續性，而不是靠間歇斷續或片段破碎的努力來執行。例如說，數學之類的智識哲學等等，對我而言都已經變得難以忍受；我從那裡退縮逃避，因為從它們身上感受到一種無能為力以及如同孩童般的虛弱無力感。這帶給我極度的痛苦，使我回想起自己奮力與之纏鬥而時時刻刻感到歡欣不已的時光；此外，還有另外一個原因：因為我已經傾盡我的畢生之力，窮盡我的學識才智，將盛開的花朵與結成的果實雙手奉上，緩慢而精心地完成撰寫一部專書的辛苦工作，我擅自僭越地將這部作品冠上史賓諾莎[78]一本未完成著作的標題，亦即：《人類智識的修正》（*De Emendatione Humani Intellectûs*）一書。現在，我這部畢生大作已經被我束之高閣，只能任

75 譯註：「逾越了自然的適當限度」，引述自《哈姆雷特》第三幕第二景第二一行。

76 譯註：《力士參孫》（*Samson Agonistes*）是米爾頓創作的長篇詩歌。參孫（Samson）是《舊約聖經．士師記》中的一位猶太士師，蒙上帝所賜，力大無窮，米爾頓由此取材寫成。

77 譯註：指的可能是華茲華斯的妹妹桃樂絲．華茲華斯（Dorothy Wordsworth）。

78 譯註：巴魯赫．史賓諾莎（Baruch de Spinoza，一六三二—一六七七年），荷蘭哲學家，西方近代哲學史上重要的理性主義者。

憑霜雪冰凍，一如西班牙的橋樑或水道橋一般，一開始的建造規模過於龐大，超出了建築師的才能所能負荷；而且，對我而言，這部大作並不是一塊在我死後立起的紀念碑，用來悼念至少是我的希望、抱負、以及我奉獻在人性提升上的畢生努力，此乃神賜予我推廣一個如此偉大目標最適切的執行方法。它反而比較像是一塊流傳給我後世子孫的紀念牌，用來紀念落空的希望、與逆境奮戰的努力、大量積存卻毫無用處的材料，以及永遠無法用來支撐起上層結構的地基——用來紀念建築師的悲嘆與毀滅。在這樣一種愚蠢低能的狀態下，出於消遣娛樂的目的，我將注意力轉向政治經濟學：我想（只要我還活著），我從以前便宛如鬣狗一般活躍且浮躁不定的理解能力，無論如何也不可能陷入全然無精打彩的狀態；而且，政治經濟學為處於像我這種狀態的人提供了一個好處，亦即，儘管它很明顯是一門有機的學問（換句話說，沒有一個部分不對整體產生作用，而整體反過來也對每一個部分產生作用），但是其中幾個部分或許可以拆解開來，單獨予以考察。儘管當時的我是如此衰弱無力，但是我對自己擁有的知識始終無法忘懷；而且，有太多年的時間，我的理解能力始終只和一些嚴密的思想家、與邏輯學、以及知識的偉大先賢等親近往來，以致於沒有察覺到現代經濟學家的主流集團全是一些虛弱無力的低能者。我於一八一一年之時，曾有機會瀏覽翻閱大量關於經濟學許多不同流派的書籍與小冊子；而且，為了回應我的請求，M〔瑪格麗特〕有時候會為我閱讀比較近期著作裡的一些章節，或者議會辯論的一些部分。我瞭解到，這些一概而言都是人類智識的糟粕與殘渣；而且，任何一位擁有健全的頭腦，並且能夠藉由學者的機敏靈巧來實踐邏輯演練的人，都可以一把抓起整個現代經濟學家的學院，然後用他的食指與大拇指將他們碾壓在天地之間，或者用一位女士的扇子把他們如菌類般的腦袋攪成粉末吹散。終於，在一八一九年，一位愛丁堡的朋友為我寄來了一本李嘉圖先生[79]的著作；而且，我的腦海裡始終惦記著自己預言式的預測，認為

79 譯註：大衛・李嘉圖（David Ricardo，一七七二—一八二三年），英國政治經濟學家，《政治經濟學及賦稅原理》（*On the Principles of Political Economy and Taxation*）是他最知名的著作，出版於一八一七年，德昆西的友人愛丁堡大學教授約翰・威爾森（John Wilson）將此書寄送給德昆西，請他為《布萊克伍德愛丁堡雜誌》雜誌撰寫書評。

遲早會有一些建立這樣一門學問的立法者出現，果不其然，在我閱讀完第一個章節之前，我說：「你就是那個人！」驚奇感與好奇心是在我心中死去已久的情感。然而，我又再度感到驚奇：我驚奇自己可以再一次因為奮力閱讀的成果而感到興奮刺激，而更令我驚奇的是這一本書本身。這樣一本博學深奧的著作真的是書寫於十九世紀期間的英國嗎？這是有可能的嗎？我以為思考[80]在英國早已經滅絕。難道一個英國人，他雖然人不在學術界，但卻經常基於對商業貿易的關心以及身為議員的責任而感到憂慮煩心，竟能達成所有歐洲大學以及一個世紀以來的思想甚至都無法獲得一絲一毫進展的成就？所有其他的作者都已被龐大的事實與文件資料的重量壓垮及掩埋。李嘉圖先生已經從理解本身**先驗地**演繹出法則來，這些法則首先為雜亂無章的材料帶來了一線曙光，並且將一些只是假說性質的討論作品，建構成一門至目前為止首次奠定在一個永恆基礎上的、有相稱規則的學問。

因此，一本絕無僅有的、擁有深刻見解的著作，的確有助於帶給我一種長年以來已無從得知的快樂及活動。它甚至讓我興起了寫作的念頭，或者至少口述給M〔瑪格麗特〕，請她為我記述下來。在我看來，即使是在李嘉圖先生一雙「無法躲避的精銳之眼」底下，似乎還是遺漏了一些重要的真理；而且，因為這些真理絕大部分都具有一個特質，亦即：我可以透過代數符號，以更簡潔且更優雅的方式來為其做出表述或說明，而不是像在經濟學家身上常見的拙劣且吊兒郎噹的措辭用語，因此，即使將所有這些真理都書寫下來，大概也無法填滿一本袖珍的口袋書；而且，也因為它是如此簡潔，還有M〔瑪格麗特〕作為我的繕寫人，即使是像現在這般我已無法竭盡全力的時刻，我還是為我的《未來的政治經濟系統序論》81一書擬定了草稿。我希望它不會讓人覺得沾滿了

80 讀者必須謹記我在這裡所說的**思考**具有什麼樣的含意，否則這將會是一個非常冒昧的表達措辭。最近幾年，英國在創造性思想與綜合思想的分野上人才濟濟，出現許多優秀的思想家；但是，悲哀的是，在分析的領域方面卻缺乏強而有力的思想家。最近，一位知名的蘇格蘭人告訴我們，由於缺乏鼓勵，他甚至不得不放棄數學。

81 譯註：《未來的政治經濟系統序論》（*Prolegomena to all future Systems of Political Economy*），此一序論後來以《政治經濟學的邏輯》（*The Logic of the Political Economy*）之名完成且出版，已經是非常後來（一八四四年）的事。

鴉片的味道；雖然，對大多數的人來說，這個主題本身的確就是一個可以有效引人入睡的鴉片劑。

然而，這樣的努力也不過是曇花一現，一如接下來的事所顯示的那樣；因為我計畫要出版這本著作。一家距離這裡大約十八英里遠的鄉下出版社，已經籌備好要出版這本書。為了這次的出版，他們還另外雇用了一名排字工人數日的時間。這本著作甚至有兩次出現在廣告上，而我也在某種意義上承諾必然履行我的計畫。但是，我還需要寫一篇序言，以及一篇我希望是精彩絕倫的、致李嘉圖先生的獻辭。我發現自己完全無力完成這一切。結果，出版的計畫被撤銷，排字工人也被遣散，而我的《序論》也安安靜靜地躺在它年長且更有威嚴的兄長[82]旁邊長眠。

至此，我已經使用了許多說詞，來描述與說明我智能麻痺的狀態，這或多或少可以適用在我受到瑟茜[83]的鴉片魔法所蠱惑這四年期間的每一個階段。要不是因為飽受折磨與痛苦，我當時的確可以說是處於一種休眠的狀態。我甚少能夠憑藉自己的力量來書寫一封信；對我收到的任何一封信僅能簡短的回覆幾個字，已經是我所能達成的最大限度，而且我通常不會**這麼**做，除非這封信已經在我的書桌上躺了數週或甚至是數個月的時間。若沒有M〔瑪格麗特〕的協助，所有已經支付過或者**未支付**的帳單記錄，大概都會消失毀滅，而我的整個家庭經濟、我的《政治經濟》一書無論會變成如何，都必然會陷入無法挽回的混亂狀態——此後，我將不再提及關於此一部分的任何情事。無論如何，鴉片吸食者最終會發現，沒有什麼比這些更令人痛苦和鬱悶：無能為力與虛弱的感受，由於經常性的疏忽或者拖延日常生活的應盡職責而直接感受到的尷尬，以及必然會激化那些罪惡帶來的劇痛而不斷困擾著自己的反省之心及良心的懊悔自責。鴉片吸食者絕對沒有喪失他的道德感受力或者抱負與憧憬。他希望而且渴望自己總是能以最認真的姿態，來實現他自己認為可能的事情，並且認為是

82 譯註：這裡指的是德昆西另一作品《人類知性的修正》（*The Palimpsest of the Human Brain*）。

83 譯註：瑟茜（Circe），希臘神話中的女巫。常以魔法將她的敵人變成動物或怪物。最著名是在荷馬《奧德賽》（*Odyssey*）中，她將奧德修斯的船員變成豬。

自己必須履行的義務；但是，他在智識上對可能事物的理解卻遠遠超出了他所能負荷的能力，不僅是執行的能力，甚至是嘗試的能力。他蒙受夢魘與惡夢的沉重壓力；他躺臥著目睹所有他希望欣然愉悅地實行的一切，就像一個人因為一種使人無精打采的疾病所造成的致命倦怠感，而不得不整天躺臥在床上，他被迫親眼目睹一些他最溫柔摯愛的物品遭到毀損或蹂躪：他詛咒那些將他的身體緊緊束縛以致無法動彈的魔咒；假使他可以站起身來行走的話，他肯定會為了保護它們而獻出自己的生命；但是，他就像是嬰兒一般軟弱無力，而且甚至連嘗試從床上起身都辦不到。

現在，我要開始進入這些後期告白的最重要主題，進入那些始終出現在我夢中事物的歷史和記事，因為這些都是造成我劇烈的痛苦，最近期和最直接的原因。

我第一次注意到我的身體組織正在經歷一場重大變化，是從一種容易發生在幼年時期的視覺狀態或是急躁亢奮狀態下的一再驚醒而得知。我不清楚我的讀者是否知道，許多孩童（也許是大多數的孩童）都擁有一種繪畫能力，可以描繪出宛如存在於闇黑之中各式各樣的幻影。在有些孩童身上，這種能力僅是一種單純視覺的機械式病變；有些孩童則擁有一種自發性的或半自發性的能力，可以驅逐或召喚這些幻影；或者，就如一位孩童在我詢問他關於這方面的問題時曾經對我說，「我可以叫他們走開，然後他們就會走開；但是，有時候我沒有叫他們來，他們還是會不請自來。」於是，我立即告訴他，他可以幾乎毫無限制地對那些幽靈幻影下達指令，就像一位古羅馬的百夫長統率指揮士兵一般。——我想那是在一八一七年的年中，這樣一種能力開始造成我極度的苦惱：深夜，當我睡不著躺臥在床上之時，幻影的浩蕩行列會以一種悲痛哀淒的華麗排場行經床前；講述著環狀飾帶般永無止盡的故事，讓我感受到悲傷與莊嚴隆重的情緒，彷彿它們是從伊底帕斯[84]或普里阿摩斯[85]之前的時代，是從

84 譯註：伊底帕斯（Oedipus），希臘神話中底比斯的國王。他在不知情的情況下，殺死了自己的父親底比斯國王而即位，並且娶了自己的母親。在獲知真相之後，他刺瞎雙眼作為對自己的懲罰。

85 譯註：普里阿摩斯（Priam），希臘神話中特洛伊戰爭時的特洛伊王。

泰爾[86]之前的時代，或是從孟斐斯[87]之前的時代所引述出來的故事一般。同時間，我的夢境也跟著產生相應的變化；突然間，似乎一場戲劇就要在我的腦海裡開演，舞台上也因照明而變得明亮可見，呈現出比世俗間的絢爛華麗更為可觀的夜間奇景。以下提到的四個事實，可以說是在當時的情況下非常值得注意的部分：

一、隨著視覺創造幻影的狀態逐漸增強之際，似乎在大腦的覺醒狀態與夢境狀態之間的某一個點上形成了一種共鳴——無論我在偶然間想起了什麼，並且在黑暗之中任憑自己去探尋摸索它，都會非常容易便轉移至我的夢境裡，因此，我非常害怕使用這樣一種能力；因為，當邁達斯王[88]將所有一切都變成黃金之時，他的希望卻也因此受挫破滅，他的人性慾望也因此遭受矇騙，同樣地，無論是任何一種我可以用視覺方式再現的事物，我不過只是在黑暗中思考它們，便立即形成我眼裡的幻影出現；而且，經由一種顯然同樣是無可避免的過程，亦即，當它們一旦被塗上一層淡淡的、夢幻般的色調時，一如使用和諧共鳴的墨水所書寫的作品一般，它們會因為我夢境的強烈化學作用而被抽取出來，轉化成一種難以忍受的、讓我的心感到焦躁不安的絢爛光彩。

二、由於在我夢境中的這類變化或者其他各種的變化，都伴隨著一種根深柢固的焦慮感及陰鬱黯淡的憂鬱感，所有這些完全無法透過語言來進行溝通。每一個夜晚，我似乎都在向下沉淪，這並不是一種隱喻的說法，而是一如文字上所表示的，不斷往下沉淪至深不見底的坑洞及不見天日的陰暗深淵，從深處跌入更深之處，我感覺彷彿再也沒有可以從這樣的深淵中攀升回到地面上的希望。即使醒來之後，我也不會感覺我**已經**攀升回到地面上。我不要細想詳述這些事情；因為這種伴隨著那些絢爛華麗的奇觀而來的陰鬱黯淡狀態，最終會演變成一種全然徹底的漆黑，帶著一種容易引人自殺的沮喪氣息，無論如何也找

86 譯註：泰爾（Tyre）：古代腓尼基的大城。

87 譯註：孟斐斯（Memphis），埃及古王國時期的首都。

88 譯註：邁達斯王（Midas），希臘神話中弗里吉亞（Phrygia）的國王，向酒神請求賜予他點石成金的能力，結果他的手一碰到食物或飲水，便全都變成黃金，最後，連他唯一的女兒也變成了黃金。

不到類近的語言來予以描繪。

三、空間感，以至到後來的階段還包括時間感，兩者都受到了非常強烈的影響。建築物、自然景致、以及其他事物等等，都是以一種肉眼已無法接收的巨大比例展示出來。空間不斷膨脹擴大，並且被擴張至一種無可言喻的無限程度。但是，這樣的空間感並不是那麼令人不安，真正困擾我的是時間的極大擴張；有時候，我覺得似乎已經在一夜之間活過了七十年或一百年——不，有時候我會覺得在一夜之間彷彿已經過了千年之久，或者說，已經過了一個遠遠超出任何人類經驗極限的時間範圍。

四、童年時期的一些最雞毛蒜皮的小事，或者在後來的歲月裡被遺忘的一些場景，經常在我的腦海裡復甦：這不能說是我回憶起它們，因為如果在我清醒之時告知我關於這些事情，我想我應該無法認定它們是我過往經歷的一個部分。但是，假使在諸如直覺等夢境裡，將它們擺置在我的眼前，並且為它們穿戴上所有稍縱即逝的情境及隨之而生的情緒來展現的話，我馬上就會**認出**它們來。有一次，我一位近親[89]告訴我，她曾經在童年時期墜入河中，瀕臨死亡的邊緣，幸而在緊要關頭之時獲救，她在瞬息之間看見自己的一生，甚至是一些最雞毛蒜皮的小事，都宛如從一面鏡子裡反映出來一般，同時陳列在她的眼前；而且，她突然發展出一種可以領會自己人生整體及各個部分的能力。從我的一些鴉片經驗中，我相信會有這樣的事情發生；我的確曾經在一些近代的著作[90]中見過兩次相同的意見與主張，而且它們都附帶一個我非常確信其言屬實的論斷；換言之，聖經中所提及的可怕生命冊[91]，事實上就是每一個人的心智本身。至少我對這樣一件事是非常有把握的，亦即，對於心智而言，根本不可能會有所謂**遺忘**這樣一件事；成千上百個偶發事件，很可能且總會在我們當下的意識及銘刻在心智上的秘密碑銘之間，掩上一層薄紗；而相同類型的偶發事

---

89 譯註：這裡指的應為德昆西的母親。

90 譯註：這裡指的可能是伊曼紐·史威登堡（Emanuel Swedenborg，一六八八—一七七二年）的《天堂與地獄》（*Heaven and Hell*）及塞繆爾·泰勒·柯立芝（Samuel Taylor Coleridge，一七七二—一八三四年）的《文學傳記》（*Biographia Literaria*）。

91 譯註：指新約聖經《啟示錄》第二十章第十二節中提到的「生命冊」。

件，也會扯掉這層薄紗；但是，無論是掩上一層薄紗，或是取下那層薄紗，銘刻在心智上的碑銘一樣會留存下來，永遠不會消失，正如繁星看似在白晝的日光照射下退隱不見一般，然而事實上，我們全都知道，是日照的光線猶如一層面紗般覆蓋在它們上面，以及它們都在等待著，當朦朧晦暗的日光逐漸退散之時，自己的原形就會清楚顯露出來。

在提請大家注意到上述四個將我的夢境與其他健康人的夢境明確區分開來的事實之後，現在，我要引述一個例證來說明第一個事實，接著再引述任何其他我仍保有記憶的例證，也許是根據它們的時間先後順序來進行講述，或是再引述任何其他宛如圖畫一般可以為讀者營造更多印象的例證。

我在青年時期，甚至從那時起，為了偶爾的消遣娛樂，便一直是歷史學家李維[92]的忠實讀者，我坦承，無論是在文體或是內容上，我喜愛李維更甚於任何其他的羅馬歷史學家；而且，我也經常覺得，有一個經常出現在李維著作中的詞彙——**羅馬執政官**（*Consul Romanus*），尤其是當執政官以他軍人的身份被引介登場之時，此詞的發音聲調是最神聖肅穆且最令人感到震驚，而且也是最能代表羅馬人威嚴的強而有力的表現。我的意思是說，像是國王（如蘇丹）、攝政等等詞彙，或者任何其他將一個偉大民族的人民集體威嚴體現在自己個人身上的稱號，都不及「羅馬執政官」這個詞所擁有的強大力量，可以喚起我對其尊崇不已的敬意。我雖然不是熱衷於閱讀歷史的讀者，但是，我也曾經要求自己對英國歷史的一個時期，亦即，議會戰爭時期（Parliamentary War）[93]，保有詳細且批判性的了解，並且深深受到一些當時卓越人士的崇高道德觀，以及那些動盪不安時代裡倖存下來者的有趣回憶錄所吸引。這兩方面我

---

92 譯註：提圖斯．李維（Titus Livius，西元前六四或五九—前一七年），古羅馬著名的歷史學家，屋大維的外甥孫，但只比他年輕四歲，兩人關係很好。李維最著名的作品為《羅馬史》，耗費四十年才完成，總共一四二卷，現在流傳下來的僅原作的四分之一。

93 編註：指發生於一六四二至一六五一年間的英國內戰（English Civil War），議會派與保皇派之間的武裝和政治衝突。共計三次：第一次從一六四二至一六四六年，第二次從一六四八至一六四九年，第三次從一六四九至一六五一年。前兩次皆發生於查理一世（Charles I）期間，最後由國會領袖克倫威爾（Oliver Cromwell）處死他，廢除英國君主制，成為英格蘭共和國。第三次是查理二世（Charles II）時期，他流亡國外，一六六〇年才回到英國即位。

都有過淺薄的閱讀涉獵，在過去經常為我提供一些有利反思的內容題材，現在則為我的夢境提供大量的素材。過去，在我睜開雙眼醒來，嘗試在一片全然的漆黑之中描繪一幅預想圖之後，我每每會看見一群女士翩然出現，或許是在慶祝一場祭典且歡欣地起舞。接著，我聽到她們說，或者是我對自己說，「這些人都是來自查理一世不幸時代的英國貴婦人。她們都是那些在和平的時代裡相遇，坐在同一張餐桌上用餐，並且透過婚姻關係或者血緣關係結盟的人的妻子和女兒；然而，在一六四二年八月的某一天過後，她們不再對彼此頷首微笑，而且除了戰場之外也不再碰面聯繫；在馬斯頓荒原[94]、在紐伯里[95]、或者在納斯比[96]，殘酷的軍刀將所有愛的紐帶砍成了碎片，並且用鮮血洗去了所有對古老情誼的記憶。」這些貴婦人們翩然起舞，看起來就如喬治四世[97]的宮廷女侍一般嬌美可愛。然而，即使是在我的夢境中，我也知道她們已經在墓園裡沉睡了近乎兩個世紀。忽然之間，這場華麗的盛會完全消失蹤影；在一陣掌聲過後，我聽見了高喊**羅馬執政官**的震撼人心聲響；緊接著，保盧斯[98]或馬略[99]身著華麗的將軍戰袍，在一群百夫長的簇擁下，用長矛尖端高高舉起深紅色的束腰外衣，順著羅馬軍隊雄壯威武的**歡呼聲**，「威風凜凜」地登場。

許多年以前，當我正在翻閱皮拉奈奇[100]的《羅馬古蹟集》時，站在我身旁的柯立芝先生向我描述這位藝術家一系列標題為**夢境**的銅版畫，這些畫作記

---

94 譯註：馬斯頓荒原戰役（Battle of Marston Moor），發生於一六四四年七月，第一次英國內戰的一場戰役。

95 譯註：紐伯里戰役（Battle of Newbury），發生於一六四三年九月，第一次英國內戰的一場戰役。

96 譯註：納斯比戰役（Battle of Naseby），發生於一六四五年六月，第一次英國內戰中具關鍵性的一場戰役，摧毀了保皇黨最後的希望。

97 譯註：喬治四世（George IV，一七六二—一八三〇），在位期間為一八二〇—三〇年。他平生沉醉於奢華生活和潮流時尚中。他與德昆西執筆本書（一八二三年）為同一時代。

98 譯註：盧基烏斯·保盧斯（Lucius Paulus，西元前二二九年—前一六〇年），古羅馬的軍事統帥，征服了馬其頓，以華麗之姿凱旋回到羅馬。

99 譯註：蓋烏斯·馬略（Gaius Maruis，西元前一五七年—前八六年），古羅馬著名的軍事統帥和政治家，征服日耳曼蠻族，解除了羅馬戰敗的危機。

100 譯註：喬凡尼·巴提斯塔·皮拉奈奇（Giovanni Battista Piranesi，一七二〇—一七七八年），十八世紀義大利畫家、建築師、雕刻家，從事羅馬古代遺跡的研究，著有《羅馬古蹟集》（*Antiquities of Rome; Le Antichità Romane*）、《羅馬景觀集》（*The Views of Rome; Le Vedute di Roma*）等書。

錄了他在發高燒的譫妄狀態中親眼所見的夢幻景象。在這一系列畫作中，有一些（我僅就記憶中柯立芝先生說明的部分來予以描述）描繪的是宏偉的歌德式大廳，大廳地板上擺置了各式各樣的引擎及機械裝置、車輪、鋼索、滑車、槓桿、投石器等等，表現出巨大能量的釋放以及阻力的克服。順沿著牆壁的側面前進，您會發現有一道階梯；用您的手摸索，順著這道階梯往上爬，皮拉奈奇本人就在階梯上：再順著階梯稍微往上爬，您會發現這道階梯突然且出奇不意地來到盡頭，而且沒有任何可供支撐的欄杆，走到這道階梯盡頭的人，無法再往前踏出任何一步，若是繼續前進，便掉入底下無盡的深淵。姑且不論可憐的皮拉奈奇會遭遇什麼樣的結果，您至少會認為他無論如何必須在這裡停止繼續前進。但是，抬高您的視線往上看，還有一段更高的第二道階梯，在這裡，您會再一次發現皮拉奈奇出現在那道階梯上，但是這一次，他就站在那道深淵的邊緣。再抬高您的視線往上看，您可以看見有更多懸浮在空中的階梯，並且看見可憐的皮拉奈奇依然忙碌著繼續往上攀行；持續往上，持續往上，直到這道未盡的階梯和皮拉奈奇兩者都消失在大廳上方的昏鬱暗黑裡。——就在同樣是這種無止盡的成長與自我再製的力量引導下，我的建築結構持續在夢境裡進行。在我患病的早期階段中，我見到的確實主要是壯觀華麗的建築式夢境；而且，除非是身在雲霧中，否則要以清醒時的雙眼，是無論如何也不可能像我在夢境裡這般，觀賞到這些壯觀華麗的城市與宮殿。我從一位偉大的現代詩人[101]那裡援引他詩作中的一個部分，這段詩節描述身在雲霧中實際所見的光景，當中許多細節都與我在睡夢中經常看見的光景，有著諸多相似之處：

一瞬之間顯露出來的光景，
是一座雄壯偉大的城市——大膽地說，
那是一片建築的荒野，深陷在一道不可思議的深淵之中，
而且是自我退隱式地，深陷在華麗壯觀的輝煌之中——永無止盡！

101 譯註：這位詩人指的是華茲華斯，此處的詩節援引自其詩作《逍遙遊》（*The Excursion*）第二卷第八三四—八五六行。

看似鑽石和黃金打造的建物結構，
覆以雪花石膏製的圓形屋頂，以及銀色的尖塔，
璀璨光亮的柱廊在柱廊之上，高聳入天；
這裡，祥和寧靜的樓亭明亮地設置在大街上；
那裡，堅實的城垛圍護著高聳的塔樓，
在它們紛擾不休的前線上，
承載著滿天的繁星——那全是珠寶散發出的璀璨光芒！
在暴風雨的暗黑物質上產生作用的自然力量，
如今已經平息；在它們的上方，在海灣的上方，
以及在山峰峭壁與山頂的上方，
雲霧的水氣已經消退減弱——它們全都
置身於蔚藍的晴空之下。

詩中所描繪的「在它們**紛擾不休**的前線上，承載著滿天的繁星」，如此雄

偉崇高的光景，很可能就是從我的建築式夢境中複製下來的，因為那樣的光景經常出現在我的夢境之中。在近代，我們聽到德萊頓[102]與菲斯利[103]說，他們認為適當地食用生肉，有助於他們進入華麗壯觀的夢境：至於服用鴉片是否更有助於達到這樣的目的，除了劇作家沙德韋爾[104]之外，我記不得還有哪一位詩人曾經有過這類嘗試的紀錄；而且，假使我沒記錯的話，在古代，荷馬乃是眾所周知深諳鴉片功效之人。

　　緊接在我的建築式夢境之後出現的，是湖泊及銀白浩瀚水域的夢境：這些夢境是如此頻繁出現，使我不禁擔心起（儘管這對於醫生來說是非常荒謬可笑

---

102 譯註：約翰·德萊頓（John Dryden，一六三一年—一七〇〇年），王政復辟時期最重要的詩人、劇作家、文學批評家。

103 譯註：約翰·亨利希·菲斯利（Johann Heinrich Füssli，一七四一年—一八二五年），瑞士裔的英國畫家，著名畫作《夢魘》（*The Nightmare*）的作者。

104 譯註：湯瑪斯·沙德韋爾（Thomas Shadwell，一六四二—一六九二年），英國劇作家，繼德萊頓之後的桂冠詩人。

的）一些諸如大腦的水腫狀態或是諸如此類的徵候[105]，很可能經由這些夢境讓自己（用一種形上學的術語來說）**客體化**；感知器官將自己**投射**成它自己的客體。有整整兩個月的時間，我的頭一直感受到無比劇烈的疼痛——那是我的身體組織中到目前為止，非常明顯仍絲毫未遭受到（我指的是肉體上的）怯懦軟弱所腐蝕的一個部分，因此我曾經說過——一如最後的奧福德伯爵[106]提到他的胃一般——即使我身體的其他部分全都崩壞，我的頭大概是唯一倖存的一個部份。直到現在為止，除了我自己的愚蠢造成的風濕性疼痛之外，我甚至從未感受過頭疼或是任何最輕微的疼痛。不過，我還是熬過了這場惱人的頭痛，儘管這必然意味著我的身體已經瀕臨相當危險的狀態。

現在，這些水域改變了它們的性質——從鏡子一般閃閃發光的半透明湖水，變成如今廣闊無際的大海洋。而且，現在又發生了一個驚人的變化，它就像是一道捲軸般緩慢地自行展開，歷經了數個月的時間，暗示著一種永久持續的折磨；而且，事實上，一直到我停止服用鴉片之前，這樣的狀況從未在我身上消失過。迄今為止，在我的夢境中，許多人的臉孔經常交織混雜在一起，但並不是以一種專制暴政的方式，也不帶有任何折磨惱人的特殊力量。但是，現在這種我稱之為人的臉孔的專制暴政開始逐步顯露開展。也許，我在倫敦生活的某些方面應該為此負起責任。無論是否真是如此，反正現在於波濤洶湧的海面上，開始浮現出許多人的臉孔；海面上似乎佈滿了無數張人的臉孔，他們全都朝天仰望著上空——苦苦哀求的、怒氣沖沖的、絕望無助的臉孔，幾千幾萬張人的臉孔，經歷了幾個世代、幾個世紀的人的臉孔，隨著海面波濤洶湧起伏：我內心的騷動不安永無止盡；我的心智也跟著海洋的波濤一起洶湧澎湃、顛簸搖擺。

---

105 譯註：德昆西的姐姐伊麗莎白（Elizabeth）九歲時因腦水腫或腦積水而死亡，甚至最後他的長子威廉（William）也於十八歲時因為同樣的原因病倒。

106 譯註：最後的奧福德伯爵（Lord Orford），指第四代奧福德伯爵霍勒斯·渥波爾（Horace Walpole，一七一七—一七九七年），英國藝術史學家、文學家，最早期的歌德小說《奧特蘭托堡》（*The Castle of Otranto*）的作者。

一八一八年五月

那個馬來人已經成為我數個月來擔心受怕的敵人。每一個夜晚，我都經由他被帶入各式各樣的亞洲式場景。我不知道是否有其他人在這一點上和我有相同的看法；但是，我經常想到，假使我被迫捨棄英國，來到中國生活，並且根據中國人的風俗習慣及生活方式並且在中國式的景致中生活的話，我應該會發瘋。這些恐懼的原因深植於我的內心，其中有一些必然也是其他人共同擁有的。一般而言，南亞乃是聚集了諸多可怕的意象與聯想的所在地。作為孕育人類的搖籃之地，光就這點而言，已經帶給人一種朦朧且崇高的感受。但是，還有一些其他的原因。沒有人可以佯稱，非洲或是其他地方的野蠻部落一些未開化的、野蠻的、變幻莫測的迷信，可以如同印度斯坦[107]等地古老的、不朽的、殘酷的、精緻複雜的宗教一般對他產生影響。亞洲的事物、制度、歷史、信仰模式等等不過是古代的生活與風俗制度，卻能帶給人如此深刻的印象，在我眼裡看來，此一民族及其名稱的蒼茫古齡已經壓倒性地勝過個人內心的青春活力感。年輕的中國人對我而言就像是從諾亞的大洪水時代以前死而復生的人一般。即使是對這類的制度一無所知的英國人，也不得不為**種姓制度**的那種不可思議的莊嚴崇高感到戰慄不已，此乃一種歷經了自太古以來的如此悠遠時光，各自流散且拒絕合流的世襲階級制度；也沒有任何人能夠不對恆河或幼發拉底河的名稱心生敬畏。而更進一步促成這類感受生成的是，南亞乃是地球上聚集最多人口的地區，而且數千年來始終如此，是偉大的**種族製造所**（*officina gentium*）。人在這些地區就是一株雜草罷了。而總是有著龐大的人口不斷投入的亞洲巨型帝國，更是在與所有東方的姓名或意象相關的情感上，增添了一層莊嚴崇高感。在中國，除了其與南亞的其他地區之間相似的共同點之外，我對其生活方式、行為舉止、以及某些比起我所能分析的還要深奧的情感感到萬分的恐

107 編註：印度斯坦（Indostan），是舊式用詞，現在使用「Hindustan」。指印度次大陸（即南亞）北部以及西北部，在此地生活的南亞民族一般被稱作印度斯坦人。

懼，於是在我們之間形成一道全然的憎惡和缺乏同情心的障礙。我可能很快就會和瘋子及野蠻動物生活在一起。所有這一切，以及其他超出我所能描述的、或者有時間描述的更多事物，讀者倘若無法感同身受的話，便可能無法理解，這些充滿了東方意象及神話般折磨的夢境，帶給我難以想像的恐怖印象。在連結了熱帶的酷暑和直射陽光的感受下，我將所有熱帶區域中發現的所有生物、鳥類、野獸、爬行動物、所有的樹木與植物、習慣與表象聚合在一起，並且將它們全都集結在中國或者印度斯坦中。出於類似的感受，我也很快根據相同的法則將埃及及其所有的神祇聚結在一起。猿猴、鸚鵡、鸚哥無不瞪視著我，對著我咆哮、嘲弄、喧鬧不休。我闖進了寺廟的塔裡，並且在塔頂或者塔內的秘密房間裡禁閉了數個世紀的時間；我是那裡受崇拜的神像；我是那裡的僧侶；我受到眾人的崇拜；我為眾人而犧牲。我穿越了亞洲所有的森林，逃離了梵天[108]的憤怒：毗濕奴對我憎恨無比：濕婆橫躺著等待我的到來。忽然之間，我遇見了伊西斯[109]與歐西里斯[110]：他們說，我犯下了一件使得壁畫上的朱鷺與鱷魚都為此戰慄不已的罪行。我和木乃伊與人面獅身像一起，被埋葬在永恆的金字塔正中心狹窄房間的石棺裡。我接受了鱷魚的親吻，那是致癌的親吻；並且躺在蘆葦和尼羅河的泥濘中，與所有無法用言語形容的骯髒黏稠的東西攪混在一起。

我至此節錄了一些我的東方夢境提供給讀者，這些夢境中的詭譎場景總是令我驚嘆不已，以致於恐怖似乎會有片刻的時間被吸納在全然的驚愕之中。然而，這遲早會產生一股逆流，驚愕感反被恐怖所吞噬，但是我對眼前事物所感受到的，與其說是恐怖感，還不如說是憎恨與厭惡感。在每一種形式、威脅、懲罰及幽暗盲目的監禁上方，籠罩著一種永恆與無限感，驅使我陷入瘋狂的抑鬱之中。除了一次或兩次輕微的例外之外，唯有在進入這些夢境之中，才會產生任何肉體上的恐怖情況。在此之前，所有一切都是道德上的與精神上的恐怖

108 譯註：梵天（Brama），印度教的創造之神，與毗濕奴（Vishnu，維持世界之神）、濕婆（Seeva，破壞之神）並稱為三主神。

109 譯註：伊西斯（Isis），古埃及宗教信仰中的一位女神，嫁給了哥哥歐西里斯。

110 譯註：歐西里斯（Osiris），古埃及神話中的冥王，是掌管陰間的神，同時也是生育之神和農業之神。

感。然而，在此喚起肉體上恐怖的主要媒介，乃是醜惡的鳥類、或者蛇類，或是鱷魚；尤其是後者為甚。對我而言，那隻受詛咒的鱷魚似乎比起其他幾乎所有的媒介都要來得驚悚恐怖。我被迫與牠一起生活，而且（在我的夢境中幾乎總是如此）歷經了數個世紀的時間。我有時候會逃開，並且發現自己身在擺置了籐製桌椅等等的中國房舍裡。這些桌子、安樂椅等等的腳沒多久就開始變得活靈活現：那令人憎惡的鱷魚頭，以及牠邪惡的眼睛，直直地盯著我，複製增殖了一千倍；我充滿厭惡地站立著，而且因為甚為著迷而無法動彈。此外，這隻可怕的爬行動物經常會出現在我的夢境中，以致於有非常多次同一個夢境會以同樣一種方式被打斷：我聽見一些溫柔的聲音對我說話（當我進入睡眠狀態之時，我可以聽見任何一種聲音），接著我便立即清醒過來。當時正是日光明媚的正午，我的孩子們手牽著手站在我的床邊，他們過來展示給我看他們色彩亮麗的鞋子，或是新的連身裙，或是讓我看看他們為了外出準備的穿著。我要堅決聲明，從我的夢境中，那隻該死的鱷魚以及其他無法用言語形容的怪物與畸形生物，轉換成看見天真無邪的**人**性以及孩童的景像，是一段多麼可怕的過程，以致於在面對自己的心智遭遇一場強烈且驟然的劇變之下，我流下了眼淚，並且在我親吻他們的臉龐之時，無法克制的簌簌淚下。

一八一九年六月

在我生命的各個不同階段中，我曾經有機會察覺，那些我們所愛之人的死亡，以及對死亡的沉思，一般而言，在夏季之時（**其他條件不變**）會比在一年之中的任何其他季節裡，更令人悲痛傷感。我認為有以下三點原因：首先，在夏季時，肉眼可見的天空看起來似乎比在其他季節裡更高更遠，而且（倘若這樣一種矛盾的說法可以被原諒的話）看起來似乎是更加無限的；天空裡的白雲，主要是眼睛藉以測量籠罩在我們頭頂上延展開來的藍天的距離，雲朵在夏季時往往會變得比較多，比較密集，並且累積成一些更為壯觀和高聳的雲層。

其次，夏季時落日西沉的光線與外觀，更適合作為「無限」的表象與特徵。三則（此乃為主要原因），奔放洋溢且豐富旺盛的夏季的生命力，很自然地會驅使心智更強烈地傾向於思考處於其對立面的死亡，以及宛如寒冬般荒涼不毛的墳墓。因為我們通常可以觀察到，無論在何處，只要兩種思想是根據對立的法則相互關聯在一起，並且彷彿是以相互排斥的方式存在的話，它們往往也很容易相互暗示。基於這些原因，當我在綿延無盡的夏日裡獨自散步之時，我發現根本無法摒除死亡的念頭；而且，任何一個特定人物的死亡，即使不是非常令人感傷，但至少在那樣一個季節裡，會更加頑強且執著地糾纏困擾我的心智。或許這樣一個原因，以及一個我遺漏掉的微不足道的小事件，很可能是造成我接下來要描述的這個夢境的直接原因，但是，在我的內心裡，想必本來就存在著夢見此一夢境的傾向；而且，此一夢境一旦被喚起，它便永遠不會離開我，並且分裂成無數個不同的奇幻夢境，它們經常會突如其來地重新聚合在一起，並且再次組成最初的那個原始夢境。

我想那是在五月的一個週日清晨，那一天是復活節，而且是在清晨非常早的時間。當時，我想應該是站在自己的農舍小屋門前。在我眼前出現的，正是在那樣一個情況下其實可以控制的場景，卻如往常一般，因為夢境的力量，不斷被提昇增強且崇高莊嚴化。遠方有著和平時一模一樣的山脈，在山腳下有著和平時一模一樣的可愛小山谷；但是，這些山脈的高度卻遠遠超過阿爾卑斯山脈，而且在山脈之間的牧場以及森林中的草地等空間也比平時的廣大遼闊許多；籬笆上種滿了白玫瑰；這裡看不見任何生物的蹤跡，除了在教會墓園的綠色草地上，有牛靜靜地躺在綠草如茵的墳地上，尤其是在我曾經深愛的一個孩子[111]的墳地周圍。現在，在我眼前的景像，就和當時那個孩子去世之時同一個夏天即將日出之前所見的一模一樣。我深深地凝視著這個我早已熟知的場景，並且對我自己（如我所想那般）大聲地說：「到日出之前還有很多時間，而且今天是復活節，是人們慶祝耶穌復活後初熟果實的一天。而我要外出散步；舊日的傷痛應該在今日被遺忘；因為空氣涼爽而平靜，山丘高高地延伸

111 譯註：這裡指的是華茲華斯的女兒凱薩琳（Catherine）。

至天邊；森林中的空地一如教會墓園般寧靜，我可以用露水洗去我前額上的熱燒，於是，我將不再感受到任何的不快樂。」接著，我似乎轉身打開庭園的柵門，隨即在我左手邊看見一個截然不同的場景，但是，由於夢境的力量，此一場景仍是與其他的場景彼此融為一體。此一場景有著東方的背景，那裡同樣也是復活節的週日，而且也是在清晨非常早的時間。在距離非常遙遠的地方，可以看見一座大城市的拱形屋頂與圓頂建築，彷彿是在地平線上的一個污點一般——那或許是童年時期從一些耶路撒冷的圖片中，捕捉而來一種意象或是模糊的抽象概念。接著，就在離我不及一段弓箭射程的距離外，在猶太棕櫚樹的樹蔭下，有一位女性坐在石頭上，我看著她，沒想到那居然是——安！她熱切地注視著我，我最後開口對她說：「所以，我終於找到妳了。」我等待著她的回應，但是她卻連一個字都沒有回答我。她的臉就和我最後一次看見她時一模一樣，但再看一次，卻又是多麼的不同！十七年前，當街燈的光線照在她的臉上，我最後一次親吻她的嘴唇（安，對我而言，那是一點也不污穢的嘴唇），她的眼裡充滿淚水：這些淚水如今已被拭去；她看起來似乎比那時更加美麗動人，但是就其他各方面來說一點也沒變，而且也沒有變老。她的表情看來相當平和寧靜，但是有著罕見的莊嚴肅穆，我現在有些敬畏地注視著她；但是，忽然之間，她的面容變得模糊不清，而且，當我轉向山脈的方向去，我發覺霧氣的渦流正朝向我們之間滾滾而來。剎時間，所有一切都消失無蹤，濃重的黑暗降臨，轉瞬間，我遠遠地離開山區，出現在牛津街的街燈下，與安再度走在一起——一如十七年前，當我倆仍是孩子時在街上漫步一般。

最後，我引述一個自一八二〇年後所見的一個具有完全不同特色的夢境，作為我的最後範例。

這個夢境從一段我現在經常在夢中聽見的音樂開始——那是一段預備及喚起緊張懸疑的音樂，一段宛如《加冕頌歌》[112]開場般的音樂，而且也如同**此一**

112 譯註：《加冕頌歌》（*Coronation Anthem*），韓德爾（George Frideric Handel，一六八五—一七五九年）於一七二七年為英王喬治二世（George II）加冕所創作的儀式音樂。

頌歌給人的感受一般，一種列成縱隊的騎兵隊永無止盡地魚貫前行，以及數不盡的軍隊踏步行進的感受。那是一個重大日子到來的清晨——一個處於緊要關頭，以及一個對人性抱持最終希望的日子，接著便是承受某種如謎樣般不可思議的、墜入黑暗之中的痛苦，以及在某種可怕的困境中辛苦勞動。在某處，我不知道是何處——因為某些緣故，我不知道是何故——有一些人，我不知道是誰——發動了一場戰役、一段紛爭、一場激烈的苦鬥，宛如一場偉大的戲劇或者一段樂曲正要展開一般，然而，對於這場戰役發生的地點、原因、性質，以及其可能引發的後果等等全然困惑無知的我，卻無法給予更多的同情體諒。就如同在夢境中經常出現的情況一樣（在夢境中我們理所當然會將自己化為每一個動作的中心），我有能力決定每一個動作，可是我也並沒有這麼做的能力。假使我可以提昇自己想要這麼做的意志的話，我便擁有這麼做的能力，可是我也並沒有這麼做的能力，因為有二十個大西洋的重量壓在我的身上，或者無可抵償的罪惡感沉重地壓迫在我的身上。「比起鉛錘所能測量的深度還深」113，我躺著絲毫無法動彈。接著，就像合唱一般，激情變得益發深刻強烈。有一些更為深刻重大的利益，有一些比起以往曾經使用刀劍護衛過或者高鳴喇叭宣示過的更為重大的理由，如今正處於危急關頭。接著，突然之間傳來了警報聲，人們來來回回匆促地奔逃，數不清的逃難者的戰慄，我不知道這是出於善意，抑或是出於惡意；接著出現的是黑暗與光明，暴風雨與人的臉孔，以及伴隨著所有一切都已不復存在的感受，最後出現的是一些女性的形體，以及那些對我而言值得付出全世界、卻只允許片刻出現在我面前的女性——緊握著的雙手，令人心碎的離別，以及接著是——永遠的告別！伴隨著嘆息聲，一如那位亂倫的母親[114]道出了那個令人憎惡的死亡之名時，從地獄的洞窟裡傳來的嘆息聲一般，告別的聲響始終在耳邊迴盪——永遠的告別！而且是一次又一次地在耳邊迴盪——永遠的告別！

113 譯註：引述自莎士比亞《暴風雨》（*The Tempest*）第五幕第一景第五六行。

114 譯註：指米爾頓《失樂園》裡所描述「罪」的部分。她是撒旦的女兒，名字稱為「罪」，而兩人亂倫生下的兒子稱為「死」（第二卷第七八七—七八九行）。

此時，我在掙扎中醒來，並且大聲地哭叫——「我再也不要睡覺。」

然而，我現在不得不中斷這個已經過度延伸至一個不合理長度的故事。我所使用過的這些素材，或許可以在更寬廣的範圍內獲得更好的開展，而我沒有使用到的那些素材，或許也有許多可以更有效地增添至我的故事裡。然而，也或許已經足夠。現在，我還需要補充說明的是，這樣一種恐怖的衝突，最後究竟是如何發展成一發不可收拾的地步。讀者已經（從第一部的序言開頭附近的一段中）注意到，鴉片吸食者會以某種方式「掙脫那幾乎是與鴉片的最後一道連結，那一道束縛著他、被詛咒的枷鎖。」但是，是用什麼樣的方式？若根據原本的意圖來對此予以描述的話，將會遠遠超出現在可供我使用的紙面空間。幸運的是，因為有這樣一個有說服力的理由存在，使我可以節略這部分的描述，而且，就一個更成熟地看待此一案例的觀點看來，我其實也非常不樂意以任何這類絲毫無法予人感動的細節，來損害這一段記事本身的印象，作為呼籲那些尚未成為鴉片吸食者保持審慎與良心的懇求——或者甚至（儘管是一種非常次級的考量）是損害這段記事作為一部作品所帶來的影響。明智的讀者不會將他們的興趣全都投注在那個受到魔咒魅惑的人身上，而是那股魅惑人的力量。這個故事真正的主角並不是鴉片吸食者，而是鴉片本身，它才是讀者真正興趣所趨的中心。這一篇自白故事的目的，在於展示鴉片驚人、不可思議的作用力，無論是獲得了快樂或是陷入了痛苦：假使這樣的目的已經達成的話，這一篇故事的情節也該進入尾聲。

然而，儘管是違反所有法則的，有些人依然會堅持提問，這位鴉片吸食者後來變成怎麼樣，以及他現在處於什麼樣的狀態，我在此回答他的問題：讀者都知道，鴉片從很早之前開始便再也無能在快樂魔咒的基礎上構築它的帝國；它的魔咒之所以繼續存在，僅是因為努力戒除的嘗試會帶來劇烈的痛苦與折磨罷了。然而，就如同其他的痛苦與折磨一般，我們或許同樣可以想像得到，倘若無法戒除這樣一個專制暴君的魔咒的話，隨之而來的，便只剩下邪惡的選項；但是，無論**這樣一個選項**本身有多可怕，它還是很有可能被採納，因為它提供了人們最終仍有可能返回快樂狀態的希望。這似乎是有道理的；但是，良好的邏輯思維能力並沒有賦予作者做出此一行動的力量。然而，作者的人生終於來到了一個決定命運的關鍵時刻，而且對於其他作者依然珍視鍾愛的對象而言也是決定性的一刻——這些人始終是作者珍視鍾愛的對象，甚至遠比他自己的生命還要重要，即使他現在又再一次過著幸福快樂的人生。我知道倘若我繼續服用鴉片的話，我就必須面對死亡。因此，如果有必要的話，我已經下定決心讓自己死於戒除鴉片的痛苦。我在當時究竟服用了多少鴉片，我自己也說不清楚，因為我使用的鴉片都是由一位友人為我購買，他後來拒絕我付錢給他；因此，我根本無法弄清楚我在一年之內究竟使用了多少鴉片。然而，我擔心我是以非常不規律的方式服用它，服用的量從一天五十喱或六十喱到一百五十喱不等。我的首要任務在於將鴉片的服用量降低至四十喱、三十喱，並且盡可能迅速地減低至十二喱。

我成功了。但是，讀者，請不要以為我的痛苦就此結束，也請不要把我想成一個沉溺在**鬱鬱不樂**狀態中的人。請您把我想成是一個即使過了四個月的時間，依然會感到興奮激動、苦惱不安、忐忑悸動、精神錯亂的人，而且他或許更多是處於一種被刑求的狀態，一如我（從詹姆斯一世[115]的時代）收集到一位最無辜受難者[116]所遺留下的傷感記錄中那般的折磨痛苦。在此期間，除了愛丁堡一位傑出的外科醫生為我開的處方藥之外，亦即，氨化纈草酊[117]，我沒有從任何藥物那裡獲得幫助。因此，我並沒有太多關於如何讓自己從鴉片的束縛中解脫開來的醫學紀錄可以提供，而且，如果是像我這樣一個對醫學一無所知的

115 編註：詹姆斯一世（James I，一五六六—一六二五），原為蘇格蘭國王的詹姆士六世（James VI），一六〇三年英格蘭女王伊莉莎白一世（Elizabeth I）逝世後，由他繼承英格蘭王位，稱詹姆士一世（James I）。

116 威廉·利思戈（William Lithgow），他的書（遊記等）是病態且賣弄學問的；但是，關於他自身在西班牙馬拉加（Malaga）的拷問台上遭受的苦難紀錄，卻充分具有可感動人心的壓倒性力量。〔譯註：威廉·利思戈（一五八二—一六四五年），蘇格蘭旅行家。相傳他徒步旅行了三萬六千英里，足跡遍及歐洲、亞洲及美洲，著有《威廉·利思戈的旅遊與冒險》（*Travels and Adventures of William Lithgow*）〕

117 編註：氨化纈草酊（ammoniated tincture of Valerian），纈草（Valerian）是一種有助於改善睡眠品質的香藥草，具鎮靜劑效果，可從根莖採製。

人來進行管理的話，即使是非常少數的一些紀錄，也很可能只會造成誤導他人的結果。總之，在這裡的情況下提到藥物便是一種錯置。這個故事的道德寓意是要陳述給鴉片吸食者聽，因此，它的適用範圍必然相當有限。假使鴉片吸食者因受此教喻而懂得恐懼與戰慄，這便已經達到充分的效果。但是，他或許會說，根據我的例子得出的結論，至少證明了在使用鴉片的十七年時間，以及濫用其力量的八年時間之後，依然有戒除鴉片的可能性，而且**他**或許可以在戒除鴉片的課題上比我投入更多的努力，或者藉由比我更強壯的體質，即使不需要很多努力，也依然可以達成相同的結果。這些或許都是事實。但是，我想我不會用自己的方式來衡量其他人的努力。我衷心地希望他能擁有更多的活力。我希望他也能獲得和我一樣的成果。不過，我本身還有一些外部的動機[118]，很不幸地或許就是他所缺乏的，而且，正是這些外部動機，為我提供了許多在道義良心上的支持，因為僅只出於個人的利益的話，很可能無法為鴉片所大大削弱的心智供給動力。

傑里米·泰勒[119]推測，出生說不定就和死亡一樣痛苦。我認為這是有可能的；而且，在減少鴉片劑量的期間，我經歷了一個人從一種生存方式轉變成另一種生存方式的折磨痛苦。其所帶來的結果並不是死亡，而是一種肉體的再生；而且，我可能還要補充的一點是，自此之後，即使身處一些困難的壓力之下，即內心處於一種比較不快樂的狀態時，我會將這些困難稱為不幸，但我還是可以不時回復到比年輕時期更高漲的精神活力。

關於我以前的狀態，有一件紀念物依然保存了下來：我的夢境仍未完全平靜；暴風雨的可怕怒濤與騷動不安，仍未完全消退；駐紮在我的夢境裡頭的軍團正在慢慢撤退，但並沒有完全撤離；我的睡眠依然喧囂紛亂，而且，一如我

118 譯註：指他深愛的妻子。

119 譯註：傑里米．泰勒（Jeremy Taylor，一六一三—一六六七年），查理一世（Charles I）的御用牧師，著有《神聖生活的規則與經驗》（*The Rule and Exercises of Holy Living*，1650）及《神聖死亡的規則與經驗》（*The Rule and Exercises of Holy Dying*，1651）等書。

們的原初父母[120]從遠處回望天堂大門一般，（在米爾頓雄渾絕妙的詩句裡）那裡依然：

可怕的臉孔蜂擁群集，火劍亂舞。[121]

120 編註：原初父母（first parents），指人類的始祖亞當和夏娃。

121 譯註：引述自米爾頓的《失樂園》第十二卷第六四四行。

附錄

——出自一八二二年十二月的《倫敦雜誌》

本雜誌於一八二一年的九月刊與十月刊中，以此一標題所刊載的兩篇文章，引發了讀者們濃厚的興趣，為此我們也承諾將再發表第三部分，相信讀者對此應是記憶猶新。然而，目前我們依然無法按照原初的計畫來履行我們的承諾，這對讀者或對我們自己而言，無疑都是一件令人遺憾之事，尤其是在讀者細讀以下這段令人傷感的記述之時。這篇文章原本是作為一篇附錄，以獨立章節的形式收錄在已經公開出版的《告白》一書裡，我們也將全文轉載於此，以便我們的訂閱者便可以享有這樣一個奇特不凡故事的完整內容。[1]

當這本小書的發行人決定讓它再版之時，似乎需要一些解釋，來說明當初承諾的第三部分為何沒有出現在去年的《倫敦雜誌》十二月刊上；而且還有一個原因是，如果不這麼做的話，當時掛保證發布這個承諾的發行人，他們也許——或多或少——會捲入沒有履行承諾的非難中。關於這樣一個非難，純粹出於公平正義的理由，作者將所有的責任都攬在自己身上。因此，他需要承擔多大程度的過失，這對他自己的判斷而言或許是一個非常難解的問題，而且他在當時的情況下諮詢過的任何一位決疑論大師，沒有一位可以為此提出充分的說明。一方面，人們似乎普遍同意，承諾的約束力恰與做出承諾的人數成**反比**；因此，我們看見許多人毫無顧忌地違背了對整個國家所作的承諾，這些人在他們所有的私人交往中恪守自己的諾言——若是違背了比自己強大的對手

1 譯註：此為《倫敦雜誌》一八二二年十二月號中編輯所發表的免責聲明。德昆西曾於此雜誌前一年的十二月刊中承諾撰寫《告白》一書的第三部分，並且計畫於一八二二年一月底左右完成。結果，這個承諾並沒有兌現。一八二二年八月，第一部分及第二部分集結成冊，於《倫敦雜誌》的Taylor & Hessey出版社出版發行，此篇附錄則代替之前承諾的第三部分收錄在《告白》一書中。

的承諾，則後果自行負責；另一方面，對作者的承諾感興趣的唯一當事人是他的讀者，而且，對於任何一位作者而言，認為自己的讀者可能只不過是少數，這是一種謙遜的美德；也許他的讀者只有一位，在這樣的情況下，任何一個承諾都會強制賦予一種道德義務的神聖性，光是想像便使人倍感震驚。然而，暫時先將決疑論擱一邊，作者向所有可能認為因作者的延遲而權利遭受損害的人請求寬容與體諒，並且接著說明他從去年年底做出此一承諾開始，一直到最近這段時間為止，自身的境遇與狀況。出於任何一種自我辯解的目的，或許只需對讀者說明，難以忍受的肉體痛苦，使得作者完全喪失了運用心智的能力便已經足夠，尤其是這樣的能力需要且必須以一種舒適愉悅的情感狀態為前提；然而，鑑於作者的案例或許可以對鴉片的醫學史做出一些微薄的貢獻，因為他已經進入一個比專業醫師至今為止通常會注意到的鴉片效用更進一步的階段中，作者因此判定，針對此一階段做出更為詳盡的描述，對於某些讀者而言或許是可以接受的。**就讓實驗在毫無價值的肉體上進行**（*Fiat experimentum in corpore vili*），這是一個合理的通則，我們可以合理地假定由此將會產生大規模的利益。至於這些利益是什麼，或許仍會招致懷疑，但是，就肉體的價值部分而言，卻是不容置疑的；因為作者可以率性地坦承，世界上沒有那一副肉體會比他自己的肉體還要沒有價值。作者感到自豪的是，他相信自己那副在日常的風暴與生活的折磨下，幾乎已經不可能經得起驚濤駭浪航行的肉體，正是一個低賤的、瘋狂的、卑劣的人類系統的理想典型；而且，事實上，如果那是一個可靠的處理人類肉體的方式的話，他必須坦承他應該會感到非常羞愧，將自己那副殘破不堪的軀體，遺留給任何一頭有著體面出身、可敬的狗兒。但是，現在先讓我們回歸正題，為了避免累贅的迂迴說法一再重複出現，雖然有些冒昧和失禮，請容許我們接下來讓作者以第一人稱的方式出現在本文裡。

閱讀過我的《告白》一書的人，最終可能會抱持這樣一個印象，彷彿我已經完全戒除鴉片的使用。我有意要傳達這樣一個印象，其中有兩個原因：首

先，因為刻意將這樣一種痛苦狀態記錄下來的行為本身，必然假定了在記錄者身上有一種特殊的能力，可以讓他自己作為冷靜的旁觀者來檢視發生在自己身上的事態，並且擁有一定程度的精神力，可以將這樣的事態適切地描繪出來，從任何一位實際上正在受苦的人的立場來說，根本不可能預期有任何人具備這樣的能力與精神力；其次，因為我曾經從一日八千滴如此莫大的服用劑量，降低至一日三百滴乃至於一百六十滴左右（比較上而言）如此少量的服用劑量，據此，我或許可以認定自己實際上已經在鴉片的戒除上獲得勝利。因此，在默許我的讀者將我想像成一個改過自新的鴉片吸食者的過程中，除了我自己與讀者分享的部分之外，我沒有留下其他的印象；而且，一如大家可以看見的，即使留下了這樣一個印象，也是從我在《告白》一書中以一般性的論調所做出的結論中得來，而不是使用在任何情況下都與字面上所陳述的事實不符的任何特定詞彙暗示而來。在寫完這篇文章之後不久，我便察覺到，我在鴉片的戒除上仍需付出的努力，可能會花費比我預期的還要更多的精力，而且隨著每個月的時間流逝，對這種努力的需求也變得越來越明顯。尤其是我開始意識到我的胃已經逐漸呈現硬化的狀態，或者胃部的感覺能力失調，我想這可能意味著我的胃部處於一種硬癌（schirrous）的狀態，不管是已經成形或是正在成形中。在當時對我有諸多關照的一位傑出醫師告訴我，我的症狀以這樣一種結果作終結並非不可能，但是，倘若我繼續使用鴉片的話，很可能在那之前就會以另一種方式結束。因此，一旦我發現自己還有餘裕專心一意且將全副精力投注在戒除鴉片的目的上，我便毅然決然地下定決心戒除鴉片。然而，一直要到去年的六月二十四日這一天，我才稍微有一些能力開始進行這類的嘗試。我在那一天開始了我的實驗，在這之前我已經在心裡下定決心，我絕不會逃避退縮，而且無論面臨任何一種可能的「懲罰」都會「勇於概括承受」。從數個月前開始，我便已經設下一個前提，一日大約一百七十滴或一百八十滴，乃是我在普通的狀態下可允許的服用劑量；偶而我會將劑量提高到五百滴，甚至有一次接近七百滴；就在我反覆計畫推動我的最後一場實驗之時，我也曾經降低至一百滴的劑量；但是，我發現這沒有辦法讓我撐過第四天——順帶一提，我發現比起前三天，第四天的時間總是更為痛苦煎熬且難以跨越。我揚起帆順風航行——一天一百三十滴的劑量，持續了三天的時間；到了第四天，我一口氣降到了八十滴。我現在承受的痛苦折磨，同時讓我對自己「感到無比驕傲」，而且大約有一個月的時間，我斷斷續續地讓自己維持在這樣的劑量上下；接著，我再將劑量降至六十滴，隔天——則是一滴也沒有服用。那是我將近十年以來沒有鴉片依然可以存活下來的第一天。我堅持不懈地禁食鴉片九十個小時；也就是說，持續了半週以上的時間。接著我又開始服用——別問我服用了多少；汝等嚴苛之人啊，說說你們這時會怎麼做？接著我又開始禁用鴉片；然後再服用大約二十五滴的劑量，接著又再開始禁用；我的實驗便如此持續進行下去。

同時，在我的實驗開始的前六週期間，我的病例出現以下症狀：全身性的高度焦躁與異常的興奮感；尤其是我的胃回復至一種充滿活力與高敏感度的狀態，但是常常感受到極大的痛苦；日日夜夜持續不斷的躁動不安；睡眠——我幾乎已經忘了該如何進行；在一天二十四小時裡，我至多只能睡三個小時，而且我的睡眠是如此淺薄躁動，以致於我可以聽見周遭發出的所有聲音。我的下顎不斷腫脹，口腔內多處潰瘍，還有其他許多令人不適的、重複說明都嫌冗長乏味的症狀；但是，在這些症狀之中，我必須特別提到其中一個，因為它是在我進行任何一種戒除鴉片的嘗試中必然隨同出現的症狀——亦即，劇烈的打噴嚏。這如今對我而言變得極為困擾，因為有時一發作便持續兩個小時不停，每天至少要重複兩次或三次。然而，我對此並不特別感到驚訝，因為我想起從前曾在某處聽過或者閱讀過，鼻腔黏膜乃是胃黏膜的延伸；由此，我相信也可以說明為何嗜酒者的鼻腔容易呈現發炎紅腫的症狀。我猜想，我的胃突然間恢復至它原本的高敏感度狀態，便是以這樣的方式表現出來。同樣值得注意的是，在我服用鴉片的多年期間，我一次都沒罹患過感冒（一如其字面上的意思），甚至連最輕微的咳嗽都沒有過。然而，現在我正受到一場猛烈的感冒襲擊，不久之後便開始劇烈地咳嗽。我在這段期間提筆寫下的一封未完成的書信片段中，發現了以下的這些文字：「您要我提筆寫下□□□（《告白》的第三部分），您知道博蒙特與弗萊切[2]的劇作《蒂埃里與西奧多里特》嗎？您可以

2 譯註：弗朗西斯・博蒙特（Francis Beaumont，一五八四年—一六一六年）與約翰・弗萊切（John

在這裡看見和我的睡眠症狀相同的說明；還有其他的一些非常類似的表徵，一點也不誇張。我要向您堅決聲明，現在一個小時的時間內湧入我腦中的思想，遠比我在鴉片的支配下一整年的時間之內湧入的多更多。現在，一如那古老的寓言[3]所描繪的，我被鴉片凍結了十年之久的所有思想，彷彿就在一瞬間融解——如此大量的思想宛如潮水般從四面八方湧入我的腦中。然而，我的不耐煩及可憎的焦躁感，使我在捕捉到其中的一個思想並且將其寫下之際，同時也讓其他的五十個思想逃脫，離我遠去：儘管我因為肉體上的痛苦及睡眠不足感到疲憊不堪，但我還是無法站著或者坐著不動超過兩分鐘。『現在，你去試試，構思屬於你自己的音韻和諧優美的詩句。』[4]」

在我進行實驗的這個階段中，我派人到附近的一位外科醫生那裡，請他過來一趟看看我的情況。傍晚時分，他終於來了；我簡短地跟他說明我的症狀，接著問了他一個問題：他是否認為鴉片對消化器官可能有一種刺激作用，以及現在這種胃痛的狀態，很顯然這是造成我失眠的原因，是否可能是消化不良所導致？他的回答是：不對；相反地，他認為導致胃痛的原因是消化本身，它本來應該是自然而然地在意識下進行，但卻因為長期服用鴉片造成胃部的損壞，使得我的胃處於不自然的狀態，因而消化作用本身變得非常明顯可察覺。我認為這個觀點是合理的；而且，胃痛的那種永無止盡的本質，也使我很容易相信醫生說的都是真的，因為如果這種疼痛僅是胃部的**異常**病變的話，它理所當然應該會有偶爾間歇的時候，而且在程度上也應該會有持續的變動。這種在健康的狀態中表現出來的自然意向，很明顯地是要將所有對維持生命所必需的運動，例如血液的循環、肺部的擴張與收縮、胃部的蠕動作用等等，從我們的注意力中抽離，鴉片在這種情況下和其他情況下，似乎可以阻止它達到這樣的目

Fletcher，一五七九年—一六二五年），文藝復興時期的英格蘭劇作家，兩人一同創作了幾十部傳奇戲劇與喜劇，作品風靡一時。此處所提及的《蒂埃里與西奧多里特》（*Thierry and Theodoret*），是兩人在一六二一年出版的悲劇作品，劇中的蒂埃里被下了一種永久無法入睡的毒藥。

3 譯註：這裡指的是《睡美人》的故事。

4 譯註：引述自賀拉斯（Horace，拉丁語 Quintus Horatius Flaccus，西元前六五—前八年）《書信集》（*Epistles*）第二卷第二首第七六行。

的。在醫生的建議下，我嘗試服用一些含**苦味的健胃劑**。有一段短暫的時間，這些藥劑大大地減輕我的痛苦感受，但是，大約在我實驗進行的第四十二天左右，這些之前已經注意到的症狀開始消失，取而代之的，卻是一種全然不同且痛苦程度遠高過前者的新症狀出現；雖然偶然會有一段稍微緩解的間隔期，但我自此以來便持續不斷為這些症狀蒙受莫大的痛苦。然而，關於這些症狀，我打算簡單帶過即可，不需要做太詳細的描述，其原因有二：首先，因為人的心智，基本上厭惡且抗拒細細去回味任何一些他才剛脫離不久或者毫無時間間隔的痛苦經驗。仔細地回想這些痛苦，來讓自我的審視能夠發揮一些什麼用處，這事實上只是**重新燃起無可言喻的悲痛**（*infandum renovare dolorem*）[5]，而且恐怕也沒有這麼做的充分動機；其次，因為我懷疑後期的這種狀態，無論是積極地考量，或者甚至是消極地考量，是否都可以歸因在鴉片的使用上；換句話說，這是否可以算是由於鴉片的直接作用所導致的最後一個禍害，或者甚至算是因使用鴉片而長期陷入錯亂狀態的身體組織，由於**不再繼續使用**鴉片的結果所導致的最初一個禍害。當然，有一部份的症狀或許可以用一年中的某個季節

（八月）來予以說明，因為雖然這一年的夏天並不是那麼炎熱，但是，無論如何，在過去的數個月裡（如果可以這樣說的話）所**儲備蓄積**的熱量總和，再加上這個月本來的熱量，自然使得八月有一大半的時間成為一年之中最炎熱的時節；而且，碰巧的是，即使是在聖誕節的時期，過量的流汗也會導致每日的鴉片服用量大幅降低——而這種大量冒汗的情況在七月時非常激烈，以致於我不得不一天沐浴五次或六次，大約在這個最炎熱的季節剛要開始之時，這種大量冒汗的症狀卻完全消退，也因為如此，炎熱帶來的任何不良影響可能就變得更加嚴重。另一個症狀，亦即，因我的無知而稱之為內部風濕症（有時候會侵襲我的肩膀等部位，但是似乎更常棲息在我的胃部），似乎同樣不太可能歸因在鴉片或是缺乏鴉片上，反而是要歸咎於我居住房子的潮濕[6]，大約在這個時節

5 譯註：引述自維吉爾（Virgil，拉丁語 Publius Vergilius Maro，西元前七〇年—前一九年）的創作史詩《艾尼亞斯紀》（*Aeneis*）第二卷第三行。

6 我這麼說並不是要對我居住的這棟房子有任何的不敬，因為當我告訴讀者，除了一兩棟豪華宅邸，以及一些比較次等的、表層塗有天然水泥的房子之外，我並不清楚在這山區中有任何一棟完

達到了最大濕度，因為一如往常般，在我們英格蘭最多雨的地區裡，七月是一個陰雨綿綿不絕的月份。

因此，基於上述這些，我懷疑鴉片是否與我的身體變得如此悲慘虛弱的後期階段，有任何相關的原因（除了真的作為一個偶發原因，使我的身體變得比較虛弱且比較癲狂，並且因此比較容易遭受任何一種不良影響之外）——我非常樂於向我的讀者省略關於此一階段的所有細節描述；關於這個部分，讀者們還是不要知道比較好，而且我也可以一派輕鬆地說，就讓它從我的記憶中抹去，如此一來，往後的任何平靜安寧的時刻，便不會因為這般過於生動地描繪一種人類可能遭遇的典型苦難，而陷於騷動不安！

寫了這麼多關於我實驗的後續，我想就此擱筆。至於前一階段，將其實驗和應用放在其他案例上也是適當的，因此我必須懇請我的讀者，不要忘記我將之記錄下來的理由。理由有二：首先，是一種相信自己作為一位醫學的實驗者，或許可以為鴉片的歷史獻上一些微薄貢獻的信念。就這一點而言，我知道我根本還沒實現自己的意圖，這要歸咎於心智上的怠惰遲鈍——由於肉體上的痛苦——以及我在撰寫部分評論文章之時，對於那些不時困擾糾纏我的主題感到極度厭惡；這個部分的草稿隨即被送入印刷廠（在大約相隔了緯度五度的地方），因此要訂正或改寫都是不可能的。然而，這樣一個或許是雜亂無序的記述，很明顯地，對於許多為這樣一個鴉片的故事感到莫大興趣的人而言，或許可能從中受益匪淺。換句話說，對於世間一般的鴉片吸食者而言，我的記述可以使他們獲得鼓勵與慰藉，因為它確立了一個事實：亦即，不需要異乎尋常的決心才能夠支撐的巨大痛苦，並且經由相當快速地減低服用量[7]，鴉片是有可

全防水的房子，讀者應該就可以理解。我私自認為，在這個國家裡，書籍的結構是根據合理的原則來處理的；但是，就任何其他的建築而言，則是處於一種野蠻未開化的狀態，而且更糟糕的是，是處於一種退化的狀態。

7 關於這一點，我最後要提出一點警告，提醒大家我在降低服用量的過程中，由於**太過**急促，因而導致戒除的痛苦沒有必要地加劇惡化；或者更確切地說，也許是因為減低服用量的過程並沒有有效持續，並且均等地分級。但是，我相信讀者應該可以自行判斷，尤其是準備從鴉片界退隱的吸食者，可以善用他們手邊的各種資訊，因此，在這裡補述一下我的日記：

能可以被戒除的。

將我的實驗結果傳達給諸位讀者，乃是我的首要目標。其次，還有一個附帶的目的是，我希望向諸位解釋，我為何無法及時完成原本應該附加在此的第三部分以配合再版；原因是，在我進行實驗的這段期間，此一再版的校訂稿是從倫敦寄送來給我，而當時的我已經無能為力再去擴充或者修改它們，我甚至沒有辦法將它們仔細地重讀一遍，也沒有充分的注意力可以挑出印刷上的錯誤，或是修正任何一個言辭上的不精確。上述這兩點便是我為何要用任何一份

第一週		**鴉片酊的滴數**
六月二十四日	星期一	……一三〇
六月二十五日		……一四〇
六月二十六日		……一三〇
六月二十七日		……八〇
六月二十八日		……八〇
六月二十九日		……八〇
六月三十日		……八〇

第二週		**鴉片酊的滴數**
七月一日	星期一	……八〇
七月二日		……八〇
七月三日		……九〇
七月四日		……一〇〇
七月五日		……八〇
七月六日		……八〇
七月七日		……八〇

第三週

		鴉片酊的滴數
七月八日	星期一	……三〇〇
七月九日		……五〇
七月十日		……遺漏記載
七月十一日		……遺漏記載
七月十二日		……遺漏記載
七月十三日		……遺漏記載
七月十四日		……七六

第四週

		鴉片酊的滴數
七月十五日	星期一	……七六
七月十六日		……七三・五
七月十七日		……七三・五
七月十八日		……七〇
七月十九日		……二四〇
七月二十日		……八〇
七月二十一日		……三五〇

第五週

		鴉片酊的滴數
七月二十二日	星期一	……六〇
七月二十三日		……〇
七月二十四日		……〇
七月二十五日		……〇
七月二十六日		……二〇〇
七月二十七日		……〇

讀者或許會問，諸如三〇〇滴、三五〇滴等這些突如其來復發的數字究竟代表什麼意思？造成這些復發的**衝動**僅是出於意志薄弱的原因；而混雜在這樣一種衝動中的**動機**，一則是「**後退一步，是為了往前跳得更遠**」（*reculer pour mieux sauter*）的原理（因為在持續一兩天服用高劑量的麻痺狀態下，只需要非常少的量便可以滿足我的胃，而我的胃在清醒之時發現自己已經部分習慣於這樣一個新劑量），不然就是這樣一個原理——亦即，在其他方面與其程度相當的痛苦之中，最能讓人承受的便是面對自己憤怒的情緒。現在，每當我提高我的服用劑量之時，第二天我會感到極度的憤怒，接著我也就能夠承受任何的痛苦。

或長或短的、如此真實地以我自己身體為主題的相關實驗紀錄，來叨擾諸位讀者的原因；而且，我熱切期盼讀者不要忘記這些原因，或者仍對我抱有誤解，認為我可能是為了這樣一個卑賤的主題本身，或者實際上並不是為了增進他人的普遍利益為目的，而屈就於這樣一個卑賤的主題。我知道有某種類型的人，會因為過度自我關注而無病呻吟；我偶而也會碰上這種人，而且我知道這種人是可以想像得到最糟糕的**自我折磨的人**（heautontimoroumenos）[8]；透過喚起獨特的意識，來加重和維持每一個症狀，否則這些症狀或許會在不同的思考方向下消失不見。但是，就我本身而言，我對這種毫無尊嚴且自私自利的習慣，極度地輕蔑與不屑，以致於我幾乎無法屈就自己，浪費我的時間去觀看一個可憐的女僕在做些什麼，此刻我聽見一個不知道哪裡來的小伙子還是什麼人正在我房子的後院裡對她調情。對於一位先驗哲學家而言，他會對這樣一個場合帶有任何的好奇心嗎？或者，像我這般餘命僅剩八年半時間的人[9]，是否還有很多閒暇時間，可以從事這類瑣碎的活動？但是，先將這樣一個問題擺一邊，接下來我要說的事，或許會讓一些讀者感到震驚，然而，考慮到我希望將此事全盤托出的動機，我相信應該不會變成如此。我想，沒有一個人會花那麼多時間去觀察自己身體發生的各種現象，而不對自己的身體多少抱有一些敬意；然而，讀者看見的是，我非但沒有用一種自滿或者尊敬的態度去看待自己的身體，而且還非常討厭它，並且將它視為我嚴厲嘲諷和鄙夷的對象；而且，此後，法律施加在最壞、最惡劣的罪犯身上的最後一道侮辱，很可能就是落在他的肉體上，然而，即使知道如此，我也不會感到任何的不開心。再者，為了證明我所說的都是真心誠意，我還要提出以下證詞。就和其他人一般，我對於埋葬地點也存有一些特殊的幻想；我主要生活在山間地區，因此比較執著於自己的一個自負理念，亦即：對於一位哲學家而言，比起在倫敦那可怕恐怖的各各他山[10]墓地，一個位於古老而偏僻的山丘之間、綠草如茵的教會墓地，將會是

8 譯註：引述自羅馬共和國時期的劇作家泰倫提烏斯（Teremce，拉丁語 Publius Terentius Afer，西元前一九五／一八五－前一五九／一六一）的劇作《自我折磨的人》（*Heauton Timorumenos*）。

9 譯註：寫完這篇文章之後，德昆西的生命持續了三十七年的時間。

10 譯註：各各他山（**Golgatha**）：耶穌基督的受難地，根據希伯來語的語源譯為「骷髏地」。一般

一個更為崇高莊嚴且更加平和寧靜的永眠之地。然而，如果外科醫生殿堂中的那些紳士，認為詳細地檢查一位鴉片吸食者的體內樣貌，可以為他們的科學研究增進任何利益的話，只需跟我說一聲，我就會負責讓他們能夠合法取得我的肉體，換句話說，一旦我的肉體完成了它的任務之後，他們便可以立即取得。請他們不要因為任何虛假微妙的良心不安，或者對我的感受有任何顧慮而躊躇不前，不敢對我表達他們的願望；我向他們保證，他們可以在像我這般瘋狂的肉體上「實例演練」，這會使我感到非常光榮，而且這也讓我感到非常開心，可以預先準備在自己死後對致使我一生蒙受了莫大痛苦的事物施以報復與侮辱。這樣的遺贈方式其實並不尋常；要宣布以立遺囑人之死為條件才可繼承享有的利益，在許多情況下確實是非常危險的；在此一方面，我們可以從一位羅馬皇帝[11]的習慣中，看見一個相當顯著的例子：過去經常有富人通知這位羅馬皇帝，他們會在遺囑中留給他一筆可觀的遺產，當他收到這樣的安排會感到十分滿意，並且親切的接受那些忠誠的遺贈；但是，如果這些立遺囑人後來有所疏忽而沒有讓他立即擁有這份遺產、如果他們不忠地「堅決活下去」（*si vivere perseverarent*，一如蘇埃托尼烏斯[12]所表達的那般），他會極為惱怒，並且採取相應的措施——在那樣的時代裡，而且是在羅馬皇帝中最糟糕的一位皇帝身上，我們或許可以預期會有這樣一種行為產生。但是，可以肯定的是，今日不管在任何一位英國醫生身上，除了他們純粹的科學之愛，以及他們對科學抱持的所有興趣之外，我都不需要預想自己會面對任何不耐煩的表情，或者任何其他的情緒感受，這些正是誘發我提出遺贈提議的動機。

一八二二年九月三十日

用法意指為「墓地」。

11 譯註：指羅馬帝國皇帝卡利古拉（Gaius Julius Caesar Augustus Germanicus，一二—四一年），他被認為是羅馬帝國早期的典型暴君，建立恐怖統治，行事荒唐。

12 譯註：蘇埃托尼烏斯（Gaius Suetonius Tranquillus，六九—一二二年之後），羅馬帝國時期的歷史學家。這句話引述自《羅馬十二帝王傳》（*De Vita Caesarum*）中卡力古拉的傳記部分。

譯名對照表

一劃

一個永恆無限的未來　*à parte post*

一個永恆無限的過去　*à parte ante*

一晝夜　*νυχθήμερον*

《一位英國鴉片吸食者的告白：節錄自一位學者生活的片段》　*Confessions of an Opium-Eater, being an Extract from the Life of a Scholar*

《一個保守黨員對於保守主義、民權主義與激進主義的報告書》　*A Tory's Account of Toryism and Whiggism and Radicalism*

二劃

《丁登寺》　*Tintern Abbey*

《人類知性的修正》　*The Palimpsest of the Human Brain*

《人類智識的修正》　*De Emendatione Humani Intellectûs*

力士參孫　Samson Agonistes

《十二夜》　*Twelfth Night*

三劃

《大英百科全書》　*Encyclopædia Britannica*

大蒂奇菲爾德街　Great Titchfield-street

四劃

五年時間　lustrum

《天堂與地獄》　*Heaven and Hell*
巴比倫　Babylon
巴肯　Alexander Peter Buchan
巴斯　Bath
戈德史密斯，奧利佛　Goldsmith, Oliver
《文學傳記》　*Biographia Literaria*
少來惹我　*nilo me tangere*
心愛的睡眠時間啊，鎮定疾病的良藥　φίλον ὕπνου θέλγητρον, ἐπίκουρον νόσου
心懷邪念者蒙羞　*honi soit qui mal y pense*

五劃

《加冕頌歌》　*Coronation Anthem*
《北英評論》　*The North British Review*
卡文迪斯　Cavendish
卡那封郡　Caernarvonshire
卡萊爾，湯瑪斯　Carlyle，Thomas
卡納芬　Caernarvon
史考特　Scott
史威登堡，伊曼紐　Emanuel Swedenborg
史迪勒　Steele
史賓諾莎，巴魯赫　Baruch de Spinoza
四旬齋　Lent
四磅大麵包　quartern loaf
布朗爵士，湯瑪士　Browone, Sir Thomas
布里斯托　Bristol
《布萊克伍德愛丁堡雜誌》　*Blackwood's Edinburgh Magazine*
《未來的政治經濟系統序論》　*Prolegomena to all future Systems of Political Economy*

《永生頌》 *Ode: Intimations of Immortality from Recollections of Early Childhood*
皮卡迪利大街 Piccadilly
皮拉奈奇 Piranesi
他的所有辛勞全都付諸水流！ *Ibi omnis effuses labor!*
未知領域 *terrae incognitae*
用衣袖遮住臉 όμμα θείσ' εϊσω πέπλων

六劃

《伊里亞德》 *Iliad*
《伊斯蘭的反叛》 *Revolt of Islam*
《米特里達梯，或者一般語言學》 *Mitheridates, foder Allgemeine Sprachenkunde*
米爾頓，約翰 Milton, John
米德 Richard Mead
伊底帕斯 Oedipus
伊烈翠 Electra
伊頓 Eton
《米特里達梯》 *Mithridates*
自我折磨的人 *heautontimoroumenos*
《自我折磨的人》 *Heauton Timorumenos*
《自傳散文集》 *Autobiographic Sketches*
自行取得平衡 ponderibus librata suis
《艾尼亞斯紀》 *Aeneis*
《利亞隨筆集》 *Essays of Elia*
弗拉曼，湯瑪斯 Thomas Flatman
弗萊切，約翰 Fletcher, John
安德洛瑪刻 Andromache
艾略特，喬治 Eliot, George
艾爾伯馬爾街 Albemarle-street
西北航道 Northwest Passage

西登斯，莎拉　Siddons, Sarah
《西班牙修女中尉》　*The Spanish Military Nun*
各各他山　Golgatha

七劃

伯克　Burke
《克洛斯特海姆》　*Klosterheim*
克倫威爾　Cromwell, Oliver
克萊婷　Clytemnestra
利思戈，威廉　Lithgow, William
《坎特伯里故事集》　*The Canterbury Tales*
折衷主義哲學家　Eclectic philosopher
李維，蒂托　Livius, Titus
李嘉圖，大衛　Ricardo, David
杜穆里埃，達夫妮　du Maurier, Daphne
辛普森，瑪格麗特　Simpson, Margaret
快活之人　*L'Allegro*
我對自己說的話負責　*meo periculo*
沉思之人　*l Penseroso*
沙德韋爾　Shadwell, Thomas
狄佘特伯爵　Earl of Desert
決疑論　Casuistry

八劃

阿爾卡：阿爾卡埃烏斯　Alcaeus
阿特納奧斯　Athenæus
《阿納斯塔修斯》　*Anastasius*
阿伯內西　John Abernethy
阿喀琉斯　Achilles
阿德隆　Adelung
阿爾塔蒙特伯爵　Earl of Altamont

《居家醫學》 *Domestic Medicine*
《果斷與獨立》 *Resolution and Independence*
《奇蹟作為見證的主題》 *Miracles as Subjects of Testimony*
奇馬羅薩 Domenico Cimarosa
幸福主義者 Eudaemonist
肯布勒，約翰 Kemble, John
《忽必烈汗》 *Kubla Khan*
芝諾 Zeno
波萊 Paulet
波特紅葡萄酒 Port
波爾多紅葡萄酒 Claret
孟斐斯 Memphis
孟塔谷夫人，瑪麗・沃特利 Lady M., W. Montague
《亞歷山大・波普》 *Alexander Pope*
亞當&查爾斯・布萊克出版社 Adam and Charles Black
拉斯金，約翰 Ruskin, John
拉斯韋德 Lasswade
昆西，湯瑪士 Quincey, Thomas

九劃

約翰生博士 Dr. Johnson
保盧斯 Paulus
威斯特摩蘭郡 Westmorland
《哈里奧特的人生奮鬥歷程》 *Harriott's Struggles through Life*
《威廉・利思戈的旅遊與冒險》 *Travels and Adventures of William Lithgow*
威爾森，約翰 Wilson, John
《怠惰之城》 *Castle of Indolence*

《政治經濟學的邏輯》 *The Logic of the Political Economy*

〈柏拉圖的共和國〉 Plato's Republic

《柯立芝、華茲華斯與騷塞》 *Coleridge, Wordsworth and Southey*

柯立芝，塞繆爾．泰勒 Coleridge, Samuel Taylor

柯芬園 Covent Garden

柱廊 The Porch

毗濕奴 Vishnu

《英國郵政馬車》 *The English Mail Coach*

《音樂的力量》 *Power of Music*

查理一世 Charles I

重新燃起無可言喻的悲痛 *infandum renovare dolorem*

後退一步，是為了往前跳得更遠 *reculer pour mieux sauter*

十劃

庫珀，菲尼莫爾 Cooper, James Fenimore

《修辭與風格》 *Rhetoric and Style*

《倫敦雜誌》 *The London Magazine*

《旁觀者》 *Spectator*

《書信集》 *Epistles*

格拉斯米爾 Grasmere

格洛斯特咖啡館 Gloucester coffee-house

格拉辛妮，彼娜 Grassini, Giuseppina

泰倫提烏斯 Terentius

《泰特愛丁堡雜誌》 *Tait's Edinburgh Magazine*

泰勒，傑瑞米 Taylor, Jeremy

泰爾 Tyre

特羅弗紐斯　Trophonius
納斯比　Naseby
紐伯里　Newbury
索福克里斯　Sophocles
索爾特希爾　Salt-hill
索爾茲伯里平原　Salisbury Plain
馬里努斯　Marinus
馬里波恩　Marylebone
馬拉加　Malaga
馬略　Maruis
馬斯頓荒原　Marston Moor
馬森，大衛　Masson, David
馬德拉白葡萄酒　Madeira
班戈　Bangor
氨化纈草酊　ammoniated tincture of Valerian
酒食匱缺　*Sine Cerere*

十一劃

強森，布里姆利　Johnson, Brimley
將自己的真實性格展現出來，這肯定不是在偽裝自己　*έαυτούς έμφανίζουσιν οἵτινες εἰσίν*
庸俗的大眾　*οἱ πολλο*
梅奧郡　Mayo
梅里奧尼斯郡　Merionethshire
梅登黑德　Maidenhead
甜美的奴隸　*ἡδύ δούλευμα*
麥考利　Macaulay
〈康德〉　Kant
曼納斯　Manners
曼徹斯特　Manchester
梵天　Brama

《深淵裡的嘆息》 *Suspiria de Profundis*
理查森，塞繆爾 Richardson, Samuel
莊嚴風格 grand style
《莎士比亞與歌德》 *Shakespeare and Goethe*
《莎士比亞戲劇故事集》 *Tales from Shakespeare*
莎芙 Sappho
《逍遙遊》 *The Excursion*
陳腐先生 Mr. FLAT-MAN
雪萊 Shelley, Percy Bysshe
堅決活下去 *si vivere perseverarent*

十二劃

富蘭克林，約翰 Franklin, John
富勒，湯瑪斯 Fuller, Thomas
《凱薩大帝》 *The Tragedy of Julius Caesar*
博士院 Doctors's Commons
博德利圖書館 Bodleian
博蒙特，弗朗西斯 Beaumont, Francis
喬治四世 George IV.
喬叟 Chaucer, Geoffrey
《圍攻特洛伊的阿喀琉斯》 *Achille all'assedio di Trioa*
復仇三女神 Eumenides
《復仇者》 *The Avenger*
《復樂園》 *Faradise Regained*
《散文集錦》 *Miscellaneous Essays*
斯瓦洛街 Swallow-street
斯蒂爾，理查 Steele, Richard
斯多噶哲學 Stoic philosophy
斯芬克斯 sphinx

斯勞　Slough
斯萊戈侯爵　Marquis of Sligo
斯萊戈郡　Sligo
登比郡　Denbighshire
普里阿摩斯　Priam
普拉克西特列斯　Praxiteles
《普羅克洛的一生》　*Life of Proclus*
就讓實驗在毫無價值的肉體上進行　*Fiat experimentum in corpore vili*
硬癌　schirrous

十三劃

湖區　Lake District
湯姆森，詹姆斯　Thomson, James
舒茲伯利　Shrewsbury
華茲華斯　Wordsworth
華茲華斯，桃樂絲　Wordsworth, Dorothy
菲迪亞斯　Phidias
菲茨羅伊　Fitzroy
菲斯利　Füssli, Johann Heinrich
《萊爾斯通的白雌鹿》　*The White Due of Rylstone*
費希特　Fichte
賀拉斯　Horace
《閒談者》　*Tatler*
黃金廣場　Golden-square
戈德史密斯，奧利佛　Goldsmith, Oliver
奧思特　Awsiter
奧瑞斯　Orestes
《愛丁堡文學報》　*The Edinburgh Literary Gazette*

愛迪生　Addison
《新教教義》　*Protrestantism*
溫莎　Windsor
《聖女貞德》　*Joan of Arc*
聖伯里　Saintsbury, George
萬人之王阿伽門農　ἄναξ ἀνδρῶν’ Αγαμέμνων
萬神殿　Pantheon
毀滅性戰爭　*bellum internecinum*
瑟茜　Circe
詹姆斯一世　James I

十四劃

漢威，喬納斯　Hanway, Jonas
蒂克諾&費爾茲出版社　Ticknor & Fields
《蒂埃里與西奧多里特》　*Thierry and Theodoret*
豪恩斯洛　Hounslow
豪恩斯洛荒地　Hounslow-heath
赫卡通皮洛斯　Hekatompylos
赫克托耳　Hector
赫茲利特　Hazlitt
赫柏，青春女神　Hebe
種族製造所　*officina gentium*

十五劃

《廢棄的農村》　*The Deserted Village*
德昆西，湯瑪斯　De Quincey, Thomas
德文郡　Devonshire
德萊頓　John Dryden
歐里庇得斯　Euripides
《論馬克白劇中的敲門聲》　*On the knocking*

at the Gate in Macbeth
《論風格、修辭與語言散文集》 *Essays on Style, Rhetoric, and Language*
《論華茲華斯的詩》 *On Wordsworth's Poetry*
《論鴉片之效力》 *Essay on the Effects of Opium*
鴉片 opium
鴉片 madjoon（土耳其語）
鴉片酊 laudanum
奧羅拉，黎明女神 Aurora
衛理公會 Methodism

十六劃

諾福克公爵 Duke of Norfolk
諾斯，克里斯多福 North, Christopher
《謀殺作為一種精緻藝術的展現》 *Murder Considered as One of the Fine Arts*
《霍格每週指南》 *Hogg's Weekly Instructor*
霍格，詹姆士 Hogg, James
濕婆 Seeva
濟慈 Keats, John

十七劃

謝拉德街 Sherrard-street
謝林 Schelling
邁達斯王 Midas
《隱遁者的沉思》 *The Retired Man's Meditations*
齋戒月 Ramadan

十八劃

薩克萊，威廉·梅克比斯 Thackeray,

William Makepeace

薩克維爾　Sackville

薩拉森人　Saracen

《醫師的宗教》　*Religio Medici*

《騎士季刊》　*Knight's Quarterly Magazine*

魏爾德　Weld

鎮痛劑　φάρμακον νηπενθέ

十九劃

羅威爾　Lowell

羅馬帝國皇帝卡利古拉　Gaius Julius Caesar Augustus Germanicus

羅馬執政官　*Consul Romanus*

《羅馬皇帝》　The Caesars

《羅馬古蹟集》　*Antiquities of Rome; Le Antichità Romane*

二十劃

蘇格拉底式的　Socratico

蘇埃托尼烏斯　Suetonius（Gaius Suetonius Tranquillus）

議會戰爭時期　Parliamentary War

二十一劃

蘭姆　Lamb

蘭鐸，羅伯特　Landor, Robert Eyres

《魔鬼的散步》　*The Devil's Walk*

騷塞，羅伯特　Southey, Robert

二十二劃

《韃靼人的反叛》　*The Revolt of the Tartars*

二十三劃

蘭依斯汀頓　Llan-y-styndw

Confessions of an English Opium-Eater by Thomas De Quincey by Thomas De Quincey
譯自1823年第二版

一位英國鴉片吸食者的告白

作者　湯瑪士．德昆西（Thomas De Quincey）
譯者　張錦惠
總編輯　龐君豪
責任編輯　歐陽瑩
封面設計　可樂、曾美華
排版　曾美華
發行人　曾大福
出版　暖暖書屋文化事業股份有限公司
地址　106臺北市大安區青田街5巷13號1樓
電話　02-23916380
傳真　02-23911186
總經銷　聯合發行股份有限公司
地址　231新北市新店區寶橋路235巷6弄6號2樓
電話　02-29178022
傳真　02-29158614
印刷　成陽印刷股份有限公司
出版日期　2022年4月（初版一刷）
定價　350元

國家圖書館出版品預行編目 (CIP) 資料

一位英國鴉片吸食者的告白 / 湯瑪士 . 德昆西 (Thomas De Quincey) 著 ; 張錦惠譯 . -- 初版 . -- 臺北市 : 暖暖書屋文化事業股份有限公司 , 2022.04
272 面 ; 14.8×21 公分
譯自 : Confessions of an English opium-eater
ISBN 978-626-95397-4-1(平裝)

1.CST: 德昆西 (De Quincey, Thomas, 1785-1859) 2.CST: 自傳 3.CST: 作家 4.CST: 鴉片 5.CST: 藥物濫用 6.CST: 英國

784.18　　111004103